中国社会科学院国情调研特大项目"精准扶贫精准脱贫百村调研"

精准扶贫精准脱贫百村调研丛书

CASE STUDIES OF TARGETED POVERTY REDUCTION AND
ALLEVIATION IN 100 VILLAGES

李培林／主编

精准扶贫精准脱贫
百村调研·朝阳村卷

产业扶贫攻坚的龙江样本

孙壮志　　王爱丽 ／主编

社会科学文献出版社
SOCIAL SCIENCES ACADEMIC PRESS (CHINA)

中国社会科学院国情调研特大项目
"精准扶贫精准脱贫百村调研"
项目协调办公室

主　任：王子豪

成　员：檀学文　刁鹏飞　闫　珺　田　甜　曲海燕

总　序

　　调查研究是党的优良传统和作风。在党中央领导下，中国社会科学院一贯秉持理论联系实际的学风，并具有开展国情调研的深厚传统。1988 年，中国社会科学院与全国社会科学界一起开展了百县市经济社会调查，并被列为"七五"和"八五"国家哲学社会科学重点课题，出版了《中国国情丛书——百县市经济社会调查》。1998 年，国情调研视野从中观走向微观，由国家社科基金批准百村经济社会调查"九五"重点项目，出版了《中国国情丛书——百村经济社会调查》。2006 年，中国社会科学院全面启动国情调研工作，先后组织实施了 1000 余项国情调研项目，与地方合作设立院级国情调研基地 12 个、所级国情调研基地 59 个。国情调研很好地践行了理论联系实际、实践是检验真理的唯一标准的马克思主义认识论和学风，为发挥中国社会科学院思想库和智囊团作用做出了重要贡献。

　　党的十八大以来，在全面建成小康社会目标指引下，中央提出了到 2020 年实现我国现行标准下农村贫困人口脱贫、贫困县全部"摘帽"、解决区域性整体贫困的脱贫攻坚目标。中国的减贫成就举世瞩目，如此宏大的脱贫目标世所罕见。到 2020 年实现全面精准脱贫是党的十九大提出的三大攻坚战之一，是重大的社会目标和政治任务，中国的贫困地区在此期间也将发生翻天覆地的变化，而变化的过程注定不会一帆风顺或云淡风轻。记录这个伟大的过程，总结解决这个世界性难题的经验，为完成这个攻坚战献计献策，是社会科学工作者应有的责任担当。

2016 年，中国社会科学院根据中央做出的"打赢脱贫攻坚战"战略部署，决定设立"精准扶贫精准脱贫百村调研"国情调研特大项目，集中优势人力、物力，以精准扶贫为主题，集中两年时间，开展贫困村百村调研。"精准扶贫精准脱贫百村调研"是中国社会科学院国情调研重大工程，有统一的样本村选择标准和广泛的地域分布，有明确的调研目标和统一的调研进度安排。调研的 104 个样本村，西部、中部和东部地区的比例分别为 57%、27% 和 16%，对民族地区、边境地区、片区、深度贫困地区都有专门的考虑，有望对全国贫困村有基本的代表性，对当前中国农村贫困状况和减贫、发展状况有一个横断面式的全景展示。

在以习近平同志为核心的党中央坚强领导下，党的十八大以来的中国特色社会主义实践引导中国进入中国特色社会主义新时代，我国经济社会格局正在发生深刻变化，脱贫攻坚行动顺利推进，每年实现贫困人口脱贫 1000 多万人，贫困人口从 2012 年的 9899 万人减少到 2017 年的 3046 万人，在较短时间内实现了贫困村面貌的巨大改观。中国社会科学院组建了一百支调研团队，动员了不少于 500 名科研人员的调研队伍，付出了不少于 3000 个工作日，用脚步、笔尖和镜头记录了百余个贫困村在近年来发生的巨大变化。

根据规划，每个贫困村子课题组不仅要为总课题组提供数据，还要撰写和出版村庄调研报告，这就是呈现在读者面前的"精准扶贫精准脱贫百村调研丛书"。为了达到了解国情的基本目的，总课题组拟定了调研提纲和问卷，要求各村调研都要执行基本的"规定动作"和因村而异的"自选动作"，了解和写出每个村的特色，写出脱贫路上的风采以及荆棘！对每部报告我们都组织了专家评审，由作者根据修改意见进行修改，直到达到出版要求。我们希望，这套丛书的出版能为脱贫攻坚大业写下浓重的一笔。

中共十九大的胜利召开，确立习近平新时代中国特色社会主义思想作为各项工作的指导思想，宣告中国特色社会主义进入新时代，中央做出了社会主要矛盾转化的重大判断。从现在起到 2020 年，既是全面建成小康社会的决胜期，也是迈向第二个百年奋斗目标的历史交会期。在此期间，国家强调坚决打好防范化解重大风险、精准脱贫、污染防治三大攻坚战。2018 年春节前夕，习近平总书记到深度贫困的四川凉山地区考察，就打好精准脱贫攻坚战提出八条要求，并通过脱贫攻坚三年行动计划加以推进。与此同时，为应对我国乡村发展不平衡不充分尤其突出的问题，国家适时启动了乡村振兴战略，要求到 2020 年乡村振兴取得重要进展，做好实施乡村振兴战略与打好精准脱贫攻坚战的有机衔接。通过调研，我们也发现，很多地方已经在实际工作中将脱贫攻坚与美丽乡村建设、城乡发展一体化结合在一起开展。可以预见，贫困地区的脱贫攻坚将不再只局限于贫困户脱贫，我们有充分的信心从贫困村发展看到乡村振兴的曙光和未来。

是为序！

全国人民代表大会社会建设委员会副主任委员

中国社会科学院副院长、学部委员

2018 年 10 月

前　言

　　本课题紧密围绕所选贫困村的贫困原因和脱贫路径两条主线，尤其是党的十八大以来产业精准扶贫和精准脱贫的情况，在田野调查和材料分析的基础上描述村庄发展的历史与现状，理清其产业扶贫与脱贫的过程、机制、障碍等，评价其精准脱贫和可持续脱贫效果，总结精准脱贫的鲜活典型个案，对我国精准扶贫和精准脱贫战略的实施进行中期评估和进展评价提供现实依据，为十八届五中全会以及"十三五"规划中有关精准脱贫目标的实现提供经验支撑。了解产业精准扶贫工作中的难点和问题，紧紧瞄准贫困人口，以"减少贫困、缩小差距、增加收入、构建和谐"为目标，以如何改善贫困地区的生产生活条件为中心，以如何增加贫困群众收入为重点，在创新扶贫开发机制、提高扶贫开发水平上深入挖掘经验启示。

　　经过数年的艰苦努力，我国的扶贫开发进入"攻坚拔寨"阶段，距2020年还有不到1年的时间，要确保7000多万人全部如期脱贫，任务非常重。本次调研坚持从解决突出问题入手，在如何建立有内生动力、有活力，能够让贫困人口自己劳动致富的长效机制上做样本分析，助力中国的贫困人口全部脱贫。

本课题采用的主要调研方式为深度个案访谈、半结构式座谈和参与式观察，调研及撰写过程分四个步骤：前期准备，成立调研小组→撰写调研方案与调研框架图设计；需求反馈（政府沟通、路线、时间等）；执行阶段，资料收集（相关政府文件、历年扶贫数据）→市、县政府调研（根据当地政府提供的资料进行核实及具体问题沟通）→镇村调研（考察具体产业扶贫落实的成果及问题）→驻村走访调研；整理撰写，数据清理→资料整理→文稿分工→初稿形成→中期调整→形成终稿。

本报告的形成是在深入调研并剖析一个样本村和其所在县域的基础上形成的，对致贫原因相似的大兴安岭南麓集中连片地区的产业扶贫攻坚或有助力之用。

目　录

第一章

片区产业扶贫研究的必要性及政策简述

朝阳村所在的明水县是黑龙江省十弱县之一，又是大兴安岭南麓集中连片特困地区县。回顾以往，1988 年，全国许多县市已从温饱开始向富裕过渡，黑龙江省明水县的农民却依然过着"吃粮靠返销，花钱靠贷款，生活靠救济"的贫困生活。人均收入只有 328 元，全县粮食产量不足 1.7 亿公斤。然而，明水人民穷则思变，治理落后，实现了跨越发展。1998 年明水县农村人均收入已达 1855.80 元，粮食产量超 4 亿公斤，县财政收入达 5600 万元。十年间，明水县发生了巨变。向穷山恶水挑战农业生产长期处于掠夺式经营状态的明水县，水土流失严重，到 20 世纪 80 年代初，水土流失面积高达 229 万亩，占土地面积的 66.3%，致使大量农田被切割得支离破碎，土壤耕层变薄，地力减弱。到了 21 世纪，虽然明水县的干部群众持续齐心协力向贫困发起挑战，但仍未根本改变贫困面貌。

加快大兴安岭南麓片区区域发展步伐，加大扶贫攻坚力度，有利于保障和改善民生，促进贫困人口整体脱贫致富，保障全体人民共享改革发展成果；有利于全面振兴东北地区老工业基地和深入推进西部大开发，促进区域协调发展，实现国家区域发展总体战略目标；有利于提高东北地区粮食生产能力，保障国家粮食安全；有利于民族团结进步和边境地区繁荣稳定，促进社会和谐与国家安全；有利于扩大对外开放，促进形成全方位对外开放格局，对实现全面建成小康社会奋斗目标具有十分重要的意义。

第一节　大兴安岭南麓片区样本的研究意义

一　时代意义

习近平总书记在党的十九大上提出乡村振兴战略，总结了党的十八大以来我国"三农"事业的历史性成就和变革，深刻阐述实施乡村振兴战略的重大问题，对贯彻落实提出明确要求。乡村振兴战略的提出处在新时代的转折点上，落在中国特色社会主义乡村振兴过程中的关键点上，具有重要的时代烙印和历史意义。

2017 年 12 月 28 日举行的中央农村工作会议的报告中强调，走中国特色社会主义乡村振兴道路要做到七个"必须"，其中一个"必须"就是必须打好精准脱贫攻坚战，走中国特色减贫之路。这次中央农村工作会议，首次全面系统总结了党的十八大以来，习近平"三农"工作的新理念、新思想、新战略，是习近平新时代中国特色社会主义思想的重要组成部分，也是未来实施乡村振兴战略，做好新时代农业农村工作的行动指南。脱贫攻坚战打响以来，明水县始终把摆脱贫困作为首要政治任务和第一民生工程，在实施致富、脱贫、保障"三大工程"的基础上，确立实施了"3425"攻坚战略。"3"就是用三年时间，在2018年实现脱贫"摘帽"；"4"就是思想扶贫、产业扶贫、民生扶贫、保障扶贫四大战区协同作战；"2"就是收入线、保障线两条线，以3678元为标准，实现稳定脱贫，愁吃、愁穿彻底解决，并达到医、学、房三保障到位；"5"就是实现人脱贫、户销号、村出列、县摘帽、筑牢返贫屏障五个达标。同时，按照"保脱、强稳、促小康"原则，全面推进脱贫线、稳定线、小康线"三线保障"，通过以奖带优、以奖带增、以奖带保的办法，覆盖全县所有农户，进而实现到2020年进入全面小康社会。

二 战略意义

随着我国经济社会的发展，贫困问题已经由绝对贫困转向相对贫困。贫困更多是由社会、经济、自然等因素的脆弱性造成的，因病、因灾、因残、因学、因婚姻等致贫、返贫成为主要原因，需要从区域发展的内生性、贫困群体能力提升的角度加以解决。产业扶贫是一种内生发展机制，目的在于促进贫困个体（家庭）与贫困区域协同发展，根植发展基因，激活发展动力，阻断贫困发生的动因。因此，产业扶贫意义重大。

习近平总书记强调，"发展产业是实现脱贫的根本之策。要因地制宜，把培育产业作为推动脱贫攻坚的根本之路。"[①]产业扶贫是一种变"输血"为"造血"的扶贫方式，它通过实现贫困地区的经济发展、贫困户的长期稳定就业，激发贫困地区和贫困户脱贫的内生性动力，提高脱贫效果的稳固性、可持续性。产业扶贫同时还是其他扶贫措施取得实效的重要基础，无论是易地搬迁脱贫、教育脱贫，还是生态保护脱贫等，都必须有坚实的产业支撑，以此贫困人口才能有稳定的增收途径，实现脱贫之后不返贫。产业扶贫是一项系统工程，科学推进产业扶贫，要号准地方特色产业的脉，立足本地资源禀赋，紧扣市场需求，在做优、做精、做特上下功夫，把特色资源变成优势产业；要浇灌好新型农业经营主体的苗，加大对种养大户、专业合作社、龙头企业的支持力度，引导和发挥其吸纳贫困人口就业的能力；要夯实利益共享联结的机制，通过订单帮扶、股份合作、托管托养等方式，与贫困户建立更紧密的利益共享机制；要念好优势品牌的经，要做优区域公共品牌，做好品牌的培育、推介、引导和监督，提升特色产业附加值，使贫困户更多获益；要打好科技服务的

---

① 《习近平总书记在东西部扶贫协作座谈会上的讲话》，2016年7月20日。

牌，支持贫困地区加强新型职业农民培育和农村实用人才带头人培养，贫困户农技服务要精准到户、到人；要唱好金融保障的曲，通过财政担保、扶贫贷款、农业保险手段，在控制住总风险的前提下，为产业发展护航。产业扶贫作为一项举足轻重的扶贫政策，具有很强的政治性，其身上担负着打赢脱贫攻坚战的使命，事关全面建成小康社会和人民福祉；同时产业扶贫在本质上又是一种经济活动，必须遵循市场和产业自身发展规律。

加快大兴安岭南麓片区区域发展步伐，加大扶贫攻坚力度，有利于保障和改善民生，促进贫困人口整体脱贫，保障全体人民共享改革发展成果；有利于全面振兴东北地区老工业基地和深入推进西部大开发，促进区域协调发展，实现国家区域发展总体战略目标；有利于提高东北地区粮食生产能力，保障国家粮食安全；有利于民族团结进步和边境地区繁荣稳定，促进社会和谐与国家安全；有利于扩大对外开放，促进形成全方位对外开放格局，对实现全面建成小康社会奋斗目标具有十分重要的意义。

三 示范意义

从空间布局角度来看，明水县位于"两中心四走廊"空间结构的其中一条走廊"哈尔滨—兰西—青冈—明水—拜泉—克东—黑河经济走廊"之中，应以国道 G202 等交通运输通道为支撑，重点发展现代农业、特色轻工业、生物医药、商贸物流业，因此是十分重要的脱贫攻坚地区。

通过发挥经济走廊的作用，结合利用"互联网＋农业"模式，打造明水县互联网与农业的一次跨界融合，其作用方式是将互联网的技术创新、理念创新、模式创新充分应用到农业产业链的生产、流通、消费等各个环节，旨在推动农业的转型与升级，最终把农业引领到智慧农业的道路上。黑龙江省委、省政府高度重视农村电子商务发展，省商务厅、省财政厅、省扶贫办把电子商务进农村综合示范工作作为重要任务，积极推进电子商务进农村综合示范县建设。各示范县涉农电商服务日趋完善、网上交易规模持续扩大、农民人均收入稳步增长，电商扶贫带动贫困人口脱贫起到一定效果。在黑龙江省 21 个示范县中，国家级贫困县 7 个、省级贫困县 4 个。2017 年是实施电子商务发展"十三五"规划的重要一年，也是全面实施黑龙江省《关于推进电子商务健康快速发展的指导意见》的开局之年。黑龙江省充分发挥电子商务进农村综合示范的引领作用，健全县级电商运营中心、农产品冷链、仓储设施、乡（镇）村级服务网点等基础设施的公共服务功能，加强诚信体系、农产品标准化建设和品牌培育，完善溯源体系、质量安全体系和物流配送体系，带动和引领黑龙江省农村电子商务快速发展。在创新思路探索电子商务进农村的新模式、充分发挥农村电商精准扶贫重要作用的同时，切实加强对财政专项资金使用的监督管理，加大农村电商人才培训力度，推动黑龙江省农村电子商务工作持续、健康、快速发展。

以明水县"经济走廊"为出发点，逐步探索开拓脱贫的新路径。明水县在脱贫攻坚工作中积累了经验。一是坚持脱贫攻坚的政治宣传。制作并下发了扶贫政策汇编手册、扶贫惠民政策解读系列微宣传，对教育、卫计、住建等政策进行广泛宣传。尤其是针对当前部分贫困群众存在的"等、靠、要""贫穷更好、越穷越好"的惰性思想，采取召开座谈会、开展谈心谈话、入户宣传政策等举措，做好群众思想工作，帮助他们重拾脱贫致富的信心和决心。二是坚持脱贫先扶技。通过院县共建、送理论下基层等措施，广泛开展特色种植、苗木栽培、畜牧养殖、务工技能等实用致富技术培训，努力提振贫困群众的致富信心和内生动力，拓宽贫困群众致富信息来源和致富门路，增强广大困难群众的脱贫致富本领。三是坚持增强脱贫内动力。由于多年的积贫积弱，在部分农村群众当中不同程度地存在羡贫、恋贫、安于贫困的贫困文化，缺少主动脱贫致富的意识和追求，有的人民主精神和法治意识不强等，针对这些现象，我们从抓思想转变入手，解决阻碍脱贫致富的深层次根源问题，充分激发群众的内生动力。

第二节 黑龙江省产业扶贫的支持政策简述

为落实中共中央、国务院《关于打赢脱贫攻坚战的决定》，结合省扶贫财政政策以及扶贫金融政策，黑龙江省分别制定了《黑龙江省产业扶贫规划（2016—2020年）》、《黑龙江省人民政府办公厅关于印发金融精准扶贫十项政策措施的通知》（黑政办规〔2017〕46号）、《省保监局　省扶贫办关于做好黑龙江省保险业助推脱贫攻坚工作的实施意见》（黑保监发〔2016〕60号）等一系列的财政政策措施，在这些政策的指导和落实下，朝阳村展开了一系列扶贫工作。

一　支持产业扶贫的财政政策体系

（一）省级政策落实

从黑龙江省的扶贫财政政策来看，为落实中共中央、国务院有关规定，制定并出台了一系列的财政政策措施，关于产业政策方面主要有以下两点要求。

第一，光伏产业扶贫。由县级政府出资，各县可在下达的专项扶贫资金或贫困县涉农整合资金中，按每村补助金不低于项目投资的1/3给予支持，在建档立卡贫困村建立村级光伏扶贫电站，保障建档立卡无劳动能力贫困户每年每户增加收入3000元以上，持续获益20年。

第二，涉农项目扶贫。财政涉农资金支持有能力和有意愿的建档立卡贫困户立足本地资源条件，发展具有良好发展预期的优势特色产业项目，帮助建档立卡贫困户实现脱贫解困目标。

（二）市县具体措施

从市县的具体工作情况来看，绥化市明水县主要结合工作实际从以下两个方面推进产业扶贫财政政策的执行情况：一是整合涉农财政资金助力扶贫。制定了《明水县 2017 年涉农资金整合试点工作实施方案》(明政办发〔2017〕24 号)，已整合中央财政专项扶贫资金、产粮大县资金、县级财政用于扶贫资金 7579 万元，用于解决贫困村脱贫、三保障、基础设施建设、产业发展等民生及发展方面问题。截至 2017 年底，已完成支出 3801.6 万元。二是强化扶贫专项资金管理使用助力扶贫。明水县着力健全制度、流程、管理办法"三位一体"资金项目监管体系，坚持"项目跟着规划走、资金跟着项目走"的原则，严格按省下达的项目资金额度和建设内容精心组织实施。由财政、扶贫办等相关人员组成推进组，定期深入项目施工现场调查了解工程进展情况，督促施工单位严格按规划设计施工，确保工程按规定的时间、进度和质量要求完工，全县 2017 年扶贫项目资金做到无任意调整挪项、无擅自分散使用现象发生。

二 支持产业扶贫的金融政策体系

(一) 省级政策落实

从黑龙江省的扶贫金融政策来看，为落实中共中央、国务院有关规定，制定并出台了包括《黑龙江省人民政府办公厅关于印发金融精准扶贫十项政策措施的通知》(黑政办规〔2017〕46 号)、《省保监局　省扶贫办关于做好黑龙江省保险业助推脱贫攻坚工作的实施意见》（黑保监发〔2016〕60号）等一系列的财政政策措施，关于金融政策方面主要有以下两点：一是扶贫小额人身保险全覆盖。县（市、区）人民政府与有关保险机构为建档立卡贫困人口提供年保费不超过30元、保额不低于3万元的基础性扶贫小额人身保险，保费由县（市、区）政府统筹安排。二是扶贫小额信贷有效需求全覆盖。有贷款意愿、年龄在65周岁以下的建档立卡贫困户，符合贷款银行发放条件，享受"5万元以下、3年期以内、免担保免抵押、基准利率放贷、财政贴息、风险补偿"的扶贫小额贷款政策。贷款只能用于发展生产，增加收入，不能用作他用。

（二）市县具体措施

从市县的具体工作情况来看，绥化市出台了《关于强化金融精准扶贫开发指导意见》（绥银发〔2016〕28号）、《绥化市农村信用社信贷扶贫工作实施方案》等政策性文件，结合工作实际在县级层面从以下三个方面推进产业扶贫金融政策实施：一是撬动金融资本助力扶贫。明水县财政投入风险基金1050万元，扩大10倍，可撬动金融资本1.05亿元。制发了《明水县金融扶贫工作实施意见（试行）》（明扶组字〔2017〕7号），各乡镇、农商银行与邮储银行正在大力宣传政策。截至目前，已发放扶贫贷款2073万元。二是为贫困人口参加保险助力扶贫。明水县免费为贫困户上房屋财产保险、人身意外保险、医疗保险等险种，实现9094户建档立卡贫困户上述保险参险全覆盖。

三是抓好金融扶贫工作。按照《明水县金融扶贫工作实施意见（试行）》（明扶组字〔2017〕7 号）的文件精神，开展扶贫小额信用贷款，重点审核系统建档贫困户信息，支持建档立卡贫困户发展产业增收致富，解决贫困户和新型经营主体资金短缺问题。

三 支持产业扶贫的人才支撑体系

（一）省级政策落实

黑龙江省加大了科技扶贫、选拔并培养科技人才等政策扶贫力度，在落实关于支持产业扶贫的人才支撑体系要求的过程中，取得了较大的进展，主要表现在以下两点。

第一，通过引导社会力量，加大科技扶贫力度。黑龙江省人民政府办公厅出台《关于进一步动员社会各方面力量参与扶贫开发的实施意见》，通过创新社会扶贫方式、开展扶贫志愿行动，鼓励和支持青年学生、专业技术人才、退休人员和社会各界人士参与扶贫志愿者行动，通过支医支教、文化下乡、科技推广、助学助贫、扶助项目、资源开发、帮助就业、创业引领等扶贫志愿活动，带动贫困村和贫困户脱贫，构建贫困地区扶贫志愿者组织和服务网络。

第二，科技人才扶贫贯穿扶贫工作始终。从 2015 年起，黑龙江省选派 440 名科研人员，为全省 28 个国家级和省级扶贫重点县市提供科技服务、开展农村科技创新创业，为扶贫重点县市经济社会发展提供了有效的科技人才支持和智力服务。省科技厅落实科技部、中组部和财政部等部门联合下发的《关于印发〈边远贫困地区、边疆民族地区和革命老区人才支持科技人员专项计划实施方案〉的通知》，会同省委组织部、省财政厅和省扶贫办等部门，由政府承担科研人员的服务费，依托省农科院、东北农业大学等省内农业科技创新尤其是农业技术推广的重要力量，在克山、海伦和饶河等 28 个贫困县推进全省"三区"人才支持计划、科技人员专项计划，为推进全省农业现代化提供技术支持和人才保障。2015 年，仅省农科院就有 285 名科技人员累计到 24 个县服务 1956 人次；服务合作社 108 个，贫困户 7000 户，公司 26 家，覆盖全省 24 个县市的 215 个村；解答生产技术问题 1100 个，带动增产 3900 万公斤，农民减灾增效 2.03 亿元；开展各种培训 644 场，发放资料 17 万份。在促进该院科技成果快速转化的同时，带动了区域农业结构优化调整。

（二）市县具体措施

从市县工作情况来看，科学技术和科技人才既是解决农村地区技能提升的需要，又是基层工作的重点，加大科技培训力度、坚持脱贫扶志与扶技相结合是基层工作的主要方向。

第一，加大力度开展扶贫培训。在市县一级分别从制发扶贫培训方案、做法、实地采集信息等方面着手，切实落实"加大科技扶贫力度"决策。各乡镇（街道）根据贫困劳动力培训需求和就业意愿，认真归纳分类，及时上报人社局，人社局按照"适时、实际、实用、实效"的基本原则，通过精准识别培训对象、精准制订培训计划，对就地务农劳动力种植、养殖、农产品加工等实用技能培训，对拟外出务工人员开展家政服务、物流配送、养老服务等就业技能培训。依托县职教中心，合理制订培训计划，及时组织师资力量，深入乡镇、村，结合企业岗位工种需求，大力开展"订单式""定向式"技能培训、岗前培训和在岗技能提升培训，引导贫困劳动力做到"愿培尽培、应补尽补"，实现市场需求和劳动者就业愿望有效匹配，促进贫困人口转移就业和就近、就地就业，从根本上增强贫困人员的就业技能。

第二，坚持脱贫扶志与扶技相结合。由于多年的积贫积弱，在部分农村群众当中不同程度地存在羡贫、恋贫的情况，缺少主动脱贫致富的决心和追求，对于参加培训提高技能采取消极态度。明水县将脱贫先扶志与扶技相结合，激发群众的内生动力。通过开展播放高音调频广播、设立户外宣传牌、发放宣传手册和印有思想扶贫字样的日用品，举办蒲公英文学社，开展"市民日""扶贫日"活动等方式，对脱贫攻坚战役进行深入宣传，在全县形成了沿路有宣传牌、乡镇有脱贫攻坚图版、村屯有励志标语、贫困户有扶贫手册和宣传品、电视上有声音、身边有脱贫典型引带的浓厚氛围。引导贫困人口树立独立自主、奋发图强的脱贫意识，为加大技能培训提供一个良好的社会氛围。

第二章

样本村基本情况介绍及致贫因素分析

朝阳村是国定贫困村，其贫困特征在大兴安岭南麓集中连片地区具有区域典型性，综合考虑自然生态、贫困特征、人口结构等因素，调研组选取该村作为调研样本。

第一节　朝阳村基本情况

一　自然生态情况

朝阳村位于明水县城西北十公里处，耕地面积 8362

亩，少量林地和草地。气候特点是四季交替明显，冬季漫长、寒冷干燥；夏季温热多雨；春季降水少，多大风；秋季降水适中，温凉宜人，霜来早。年平均日照2824小时，年平均降水量约480毫米，素有"一林、一草、八分田"之说。朝阳村所在的明水镇是明水县12个乡镇中唯一地跨城乡的乡镇，镇所在地位于明水县城中心。明水镇原名"三里三"，清末，隶属拜泉县管辖。1909年（清宣统元年），宋魁甲、曲恒发等五户人家先后来此开荒建村，取名"三里三"。1911年（清宣统三年），拜泉县将"三里三"改为"兴隆镇"。"中华民国"成立后，1923年12月，于兴隆镇设置明水设治局，为城区。1929年1月，明水设治局升改县制，为明水县第一区。东北沦陷后，初为第一保，1938年改为明水街。1945年中国抗日战争胜利后，1946年为第一区。1955年12月，改为明水镇。1958年9月，改称"明水镇人民公社"。1980年恢复明水镇名称。

二 经济社会情况

朝阳村全村现有农户147户，人口365人，党员22名，入党积极分子2名，其中流动党员15名。村基层组织健全，支部两委班子成员6人，党支部委员5人，平均年龄40岁，中专文化程度4人，高中文化程度1人。致使朝阳村经济落后的原因如下：一是产业发展滞后。全村人多地少，广种薄收，耕地质量差，工程性缺水较为突出，农业发展仍停留在传统耕作上，加之自然灾害频发，致使农民收入低。二是思想观念落后。朝阳村贫困人口科技文化素质低，思维方式、生产方式和生活方式十分落后，发展商品生产、开拓市场的能力较弱，对新思想、新观念、新科技、新事物、新产业的认识和接受慢。自我发展能力弱是造成贫困的内在原因。三是种植结构不合理。群众种植单一，市场竞争力和抗风险能力较差，严重影响群众收入。四是因病因学致贫较多。有的农民属于超负荷支出型贫困，如重大疾病、子女上学、儿子结婚支出等；同时，年老体弱、鳏寡孤独、病残智障以及失去劳动能力等也会导致贫困。

三 贫困户基本情况

截至本次调查结束的 2017 年末，朝阳村尚有 32 位贫困人口，17 户贫困户，平均年龄 58 岁。从性别来看，女性贫困人口约占 60%，男性贫困人口约占 40%。从分布情况来看，纪老广屯数量最多，聂家屯、洼子刘屯、王木匠屯依序次之。从致贫原因来看，因病因残致贫人数最多，约占贫困人口总数的 70%，其余为缺技术、缺劳力致贫，占贫困人口总数的 30%。

第二节　致贫原因分析

由于朝阳村在县域内属于较小规模的村，且全县除西部的一个乡靠近草原地带外，其他乡镇的同质性较强。本节在分析朝阳村贫困原因时先从全县致贫因素出发。

朝阳村隶属的明水县下辖 12 个乡镇，4 个街道办事处，99 个行政村。全县共有 33.9 万人，2014 年农业户籍人口 278367 人。1990~2000 年其为国定贫困县，2003 年被确定为全省十弱县之一，2011 年被确定为大兴安岭南麓特困片区扶贫连片开发重点县。现有贫困村 57 个，全部为未出列村。现有建档立卡贫困户 9094 户、贫困人口 20928 人。其中，已脱贫 1784 户 4078 人，未脱贫 7310 户 16850 人，贫困人口发生率为 6%。2017 年预退出贫困村 57 个，脱贫 6022 户 13997 人，贫困人口发生率减至 1.02%。近年来，明水县委、县政府始终把摆脱贫困作为首要政治任务和第一民生工程，深入实施致富、脱贫、保障"三大工程"，经济和社会各项事业取得了长足发展。预计到 2017 年末，全县地区生产总值可完成 66.9 亿元，比 2016 年（下同）增长 6.9%；地方公共财政预算收入可完成 1.8 亿元，同比下降 24.3%；社会消费品零售总额可完成 18.6 亿元，同比增长 9%；规模以上工业增加值可完成 6.34 亿元，同比增长 2%；固定资产投资可完成 20 亿元，同比增长 11%；各项贷款余额可完成 21 亿元，同比增长 19.8%；外贸出口额可完成 720 万美元，同比增长 6.9%；城镇居民人均可支配收入可实现 16207 元，同比增长 7.6%；农村居民人均可支配收入可实现 9065 元，同比增长 8.9%，为全县 2017 年实现脱贫"摘帽"奠定坚实基础。

一　导致贫困的环境因素

（一）生态环境较为脆弱

明水县隶属黑龙江省绥化市，位于黑龙江省西南部，该区域交通相对闭塞，公路网状况不佳，土壤贫瘠，多年积贫积弱。人均耕地面积不多，积温不足，无霜期短，降雨量偏少，土地生产力不高。平原地区黑土层变薄，面源污染较为严重，耕地质量下降。低山丘陵地区水土流失比较严重，土壤沙化退化。自然灾害时有发生，旱灾、风灾较为突出。

（二）人居环境尚不健全

存在一定的困难群众危房、贫困户住房困难问题，国有农场、林场棚户区的居住环境尚有改造空间。住宅内可积极推广应用节能灶等，改善农村人居环境。明水县贫困户中有危房户 5085 户，其中 C 级危房 765 户、D 级危房 3889 户，无合理稳定居住 431 户。在住房改造补助上，C 级危房每户补助资金 1.4 万元，D 级危房每户补助资金 2.8 万元。截至目前，共改造 C、D 级危房 3885 户，已竣工 2307 户，正在建设中 1578 户。预计 2017 年 10 月末通过新建、维修、建幸福大院、政府租赁等措施可解决余下 1200 户安全住房问题，确保脱贫户 100% 住上安全房和暖屋子。另外，健康饮水仍不普及，供水管网尚未铺设完全，建立管理房及安装机电配套设备、水处理设备及水质消毒设施尚未完全落实。对饮水不达标的管线和设备仍需进行进一步的升级改造，确保到 2018 年全县农村群众全部喝上安全水。

（三）基础设施仍需完善

1. 交通基础设施建设起步较晚

近年来，明水县总投资约 5 亿元，建设自然屯通硬化路项目、老旧路改造项目及旅游路、产业路、资源路项目，改造桥梁 3 座，全长 124 米；建设新桥梁 2 座；加强村内道路和田间道路建设，逐步实现村内道路硬化。但相较来看，与经济较好的市县相比明显落后，这主要是起步晚和资金少的原因。

2. 水利基础设施建设尚需巩固

明水县全县存在一定的病险水库水利工程需要除险加固，缺乏贫困乡村抗旱水源的相应建设，需加强农田水利基础设施建设，有效解决投入不足、功能短缺这块"短板"，解决农田水利灌溉"最后一公里"问题。

3. 农村电力、网络设施建设尚未完善

需要完成新一轮贫困农村电网改造升级工程，提高农村电网供电能力，提高群众用电质量。发挥光伏产业扶贫作用，积极提升光电配网外送和县域自消能力。采用多种

技术手段加快宽带网络向贫困村延伸，提高农村宽带接入覆盖面。

二　导致贫困的经济因素

（一）产业项目仍需扩展

在东北地区的农业县份，种植品种趋同，基本都是种植玉米、大豆、水稻、杂粮等作物，并且都是原粮低附加值外销，这样就形成了"大农业、大产业、小品种、单一化"的格局。产业项目原本较为单一、增收存在困难，需进一步打开思路，扩展产业项目，增加优势资源。明水县位于"两中心四走廊"的空间结构其中一条走廊"哈尔滨—兰西—青冈—明水—拜泉—克东—黑河经济走廊"上，应以国道 G202 等交通运输通道为支撑，重点发展现代农业、特色轻工业、生物医药、商贸物流业。明水县在农业市场体系中，其特色农业生产基地有商品粮基地、杂粮大豆种植基地、万寿菊和甜叶菊种植基地。截至 2017年末，全县瓜菜、马铃薯、小杂粮、白瓜子四大产业开发总面积达到 60 万亩，产业项目仍需进一步扩展，令更多贫困户收到效益。

（二）金融扶贫难度较大

全县 9094 户建档立卡贫困户中，符合农商银行贷款条件的仅有 1506 户，并且部分贫困户没有贷款意愿，其余为五保户、无劳动能力户、超龄户等，虽然省里出台政策要求政府担保、放宽门槛、应贷尽贷，但金融部门在发放贷款时受风险意识等因素影响，致使小额扶贫贷款发放难度大。

（三）财政补贴能力较弱

由于自有财力有限，在落实"三保障"政策时，较多依赖上级政策。在医疗保障方面，受商业保险报销方面省级规定时限的要求，报销需要一个过程，在此过程中，患者无法参加劳动获得报酬，生活压力巨大。在住房保障方面，住房补助标准才出台不久，导致危房改造速度较慢。随着经济社会的发展，贫困问题已经由绝对贫困转向相对贫困。

三　导致贫困的社会因素

（一）主动脱贫意识有待加强

贫困户发展产业意识和能力有待加强。由于贫困群众多数存在年老多病、文化水平低、劳动技能差等问题，技能培训难度大，与现代农业发展、企业生产要求的员工条件有一定差距，与产业链的结合度相对较低，两者存在相互不适应问题，推进贫困户参与产业扶贫工作存在一定难度。一些建档立卡贫困户缺乏自主脱贫的内生动力，"等、靠、要"思想严重，不文明的生活习惯较为普遍。同时，个别新型经营主体，虽然有一定的农业经营规模，但缺乏农业技术和生产管理经验，自身的农业生产经营风险较大，利益联结机制尚不健全，带动脱贫能力有限。贫困户脱贫内生动力还需要进一步激发。

（二）农民负担需进一步减弱

住房方面，本地自然条件较差，加之基础设施条件较差的住房仍然存在，搬迁较为困难。教育方面，农村义务教育薄弱学校办学条件仍旧有待改善，教育资源配置不协调；通过政策协调，以期对建档立卡的学生免除高中及以下学年的学杂费，协调上级教育部门，支持贫困家庭高中毕业生到省内外经济较发达地区接受职业教育。医疗方面，贫困村中因病致贫、因残致贫等情况屡见不鲜，对这些丧失劳动能力的人员、孤寡老人、重病患者、残障人士等特殊人群，需要加快兜底保障的速度和力度。

第三章

订单种植模式——干菜产业：互联网+
企业+贫困户

产业扶贫的关键是要以市场作为导向，以产业发展来带动地区脱贫，为农户增收、创收；主要内容是发展区域经济、培育产业环境、加强基础设施建设、提供就业岗位以及提升人力资本，是一种内生的发展机制。朝阳村在产业扶贫过程中，依据现有资源禀赋并综合各级扶贫政策，发展出六种产业共举的产业扶贫模式。在此过程中，为巩固产业扶贫效果，多策并举，兼顾教育扶贫、兜底保障和健康扶贫等多方面配套措施，形成了一个较为完善的扶贫思路。

第一节　项目选择背景

近年来，以供求关系为导向的订单式农业发展模式在全国范围内得到了实践肯定。在产业扶贫领域如何积极与市场有机对接，探索"互联网＋企业＋农户"的产业扶贫模式，有序发展"以销定产、产销一体"的订单农业成为一部分特困地区的重要抓手。既有经验表明，通过培育特色产业、壮大发展规模，可破解发展规模小、流通不畅、竞争力弱、市场容量有限等难题，有效促进农民增收，助推扶贫攻坚。订单式发展是市场经济条件下农村资源开发的必然选择，现实中我们往往能看到"蜂拥而起"的农作物种植现象，但这也带来了滞销的不良现象，最终群众获益不大。而选取订单式发展模式，则有效规避了种植风险，让农村资源开发和利用更有针对性和市场性，进而获取最大的经济效益。由此来看，订单式发展可以成为推动精准扶贫工作的重要抓手。当前，扶贫首先要转变观念，即告别过去的物质帮扶，采用政策和精神帮扶。人们常说"扶贫更需扶智，输血更要造血"，言下之意是指帮助群众脱贫，要补上贫困群众的精神之钙，调动当地群众的脱贫积极性。脱贫既要有因地制宜的政策支持，又要有高水平的技术指导，方可有效解除群众自力发展的后顾之忧。

调研组在明水县了解到，通过积极创新精准扶贫手段，不断调整农业产业结构，该县充分利用土壤富硒、光照充足的自然条件已在三年前试点发展特色蔬菜种植，并引导贫困群众晾晒成干菜后集中销售给订制人，推动贫困群众扩大增收范围，确保贫困群众收入稳步提高。针对农村地区的发展现状，通过"需求订单"来制定种植项目，有了发展要面向市场的意识。其实，以市场需求来带动农村产业发展，是尊重市场经济规律的重要表现。为此，在精准扶贫进入攻坚期的背景下，明水县也在让"订单意识"贯穿扶贫工作的每一个环节。

产业扶贫要紧盯市场发展变化，进而倒逼完善适应市场需求的相关机制。只有这样，精准扶贫工作才能以更活跃的思维和更准确的市场预判来打通农村发展的"肠梗阻"，最终实现真正意义上的脱贫。2016年，经过一年多的试点经验，在综合考虑朝阳村土地资源和人力情况的基础上，将干菜定制产业引入该村。为了进一步增强朝阳村农产品的市场竞争力，解除贫困群众的后顾之忧，明水县统筹组织干菜生产，组织乡镇统一生产和包装，统一标识和配送，由乡镇统一回收后，再交付给订制人。同时，不断加强同域外合作企事业单位的对接，与黑龙江电视台、中远贸易集团、远行食品等多家公司签订了定制合同。

第二节　朝阳落地实践

明水县位于松嫩平原西北部，以种植业为主，在开展产业扶贫工作中，充分考虑到自身优势，利用土壤富硒、光照充足等自然条件，不断调整产业结构，不仅调整农作物种植种类，同时大力发展蔬菜种植业。由协会引带，黑龙江中远贸易集团积极助力脱贫攻坚，依托中远贸易集团线上销售平台，引导贫困群众将自家所产蔬菜晾晒成干菜，集中收购并销售给订制单位，推动贫困群众主动劳动、增加收入。目前，全县已经发展蔬菜种植面积近7万亩，实现贫困户户均增收1000元。

朝阳村响应号召，在农业产业结构调整中大胆创新，独辟蹊径，发展庭院经济，带领村民进行绿色干菜种植，形成了一条"互联网＋企业＋订单＋贫困户"的全新脱贫发展路径，闯出一条帮助村民实现产业脱贫的新路子。贫困户生产干菜，由密封袋独立包装分类别装入礼盒中，礼盒上注有干菜的产地、农户姓名和电话，主要包括马铃薯干、豆角干、茄子干、萝卜干。2017年，明水县干菜市场销售价格马铃薯干每斤8元、豆角干每斤25元、茄子干每斤15元、萝卜干每斤12元，而针对贫困户干菜订制的价格比市场销售价格高出2~6倍，确保贫困户得到实惠。同时，为了保证贫困户干菜销售顺利，委托方（黑龙江中远贸易集团发动旗下5家公司和10家会员单位）积极订购干菜，并加大宣传力度，在北国食无忧网站开辟专栏，面向全国销售贫困户生产的干菜产品。同时，通过村淘宝网站进行宣传和销售。这样的销售手段既是对贫困户的经济支持，也扩大了县村蔬菜种植产业的知名度，为未来完善蔬菜种植业以及干菜订制产业铺平了道路。

　　笔者在朝阳村走访过程中，就干菜订制产业向村民、贫困户、村支书及第一书记等人进行了访谈。在村民看来，以远远高于市场价的价格收购贫困户家自制的干菜，让其他村民都"眼红"，也有村民表示"哪怕价格低一点，也愿意加入到干菜订制产业中来"。在其他村就有广大村民共同晾晒干菜，通过淘宝店铺出售的事例。比如，兴仁镇石仁村村民于某就成立了自己的网店，2016 年网店销售额超过 130 万元，他通过组织村民晾晒干菜，并把干菜晾制过程拍成视频作为宣传挂在网店里，通过多种营销手段扩大了销售额，带领村民通过多种农业种植、增加农业种植含金量致富。朝阳村除乡镇组织的销售渠道外，目前还没有成规模的销售渠道，因此一些村民还未能加入到干菜产业中来。在贫困户看来，通过自家产的干菜赚取收入是未曾想到的致富路："以前园子里种的茄子啥的，也吃不了，没有啥精细打算，搁地窖里吧也不都能放住，现在一看啥都是有用的，没承想晾点干菜也能换钱。"还有的贫困户愉快地表示"这么一琢磨，这来钱道儿不就多了么！"贫困户不仅在干菜晾制中获得了收入，也增强了他们脱贫致富的决心和信心，甚至在一定程度上减轻了"等、靠、要"的思想，能够变换思维从生活点滴入手去主动思考致富道路，这甚至要比在干菜产业中获得的收入还要宝贵。

　　在村支书看来，个别贫困户缺乏脱贫信心是精准扶贫工作难落实的一个关键，"有的个别贫困户真就是太懒了，年纪不大，也没啥毛病，别人都下地干活，外出打工，都琢磨挣钱道，他一大早晨起来就整个咸菜坐那开喝（酒），他还觉得挺好，我就等着政府管我，'等、靠、要'的思想相当严重。咱们上了这些产业，没有哪样是直接就给你钱的，必须得你干活、付出了，就能得到收入，这就对这样'等、靠、要'的人是一种督促。"（朝阳村，村支书佟某）

从这个角度上说，朝阳村通过干菜产业不仅实现了贫困户增收，同时对改变"等、靠、要"思想、增强脱贫致富的决心产生了积极作用。同时，由于全村人多地少，广种薄收，耕地质量差，工程性缺水较为突出，农业发展仍停留在传统耕作上，加之自然灾害频发，致使农民收入低。在朝阳村座谈会上，一位村民说："今年收成还行呢，主要是今年玉米、黄豆价格涨上来了，这还能赚到点钱，前年涝了，去年旱了，再加上头两年粮食不值钱，一亩地没打多少粮食，除去种子、化肥、农药、机械，不剩钱，弄不好还得赔钱。多亏是有（种粮）补贴，这就算是赚了点补贴钱。"参加座谈会的几位村民代表均是长年从事农业生产的，家里有几亩地到几十亩地不等，但村民普遍反映，种地利润低，主要受到天气情况和农产品价格影响，另外，还有几位村民因为年纪大了，对农业劳动已经力不从心，子女均在外地务工，只能将地低价出租，或是雇人种地，除去成本获得的利润更是少之又少。在这种情况下，种植经济作物，提高农产品产值就是朝阳村亟待解决的问题。

除了干菜订制，木耳订制也是朝阳村订单扶贫的主要形式。目前，明水县产业扶贫项目中木耳大棚项目现已建

成大棚 500 栋，预计到 2018 年可建设挂袋木耳大棚 1100
栋，引带贫困户 2200 户，户均增收 1 万元。朝阳村 2017
年将木耳大棚项目落实到村（见图 3-1），在洼子刘屯建
设占地 100 亩，总投资 401 万元建成木耳大棚 45 栋。项
目建成后，生产的木耳均由明水日月同源生物科技有限公
司统一高于市场价回收，可带动所有贫困户实现增收。在
走访中，已经有贫困户以及其他村民准备参与到木耳大棚
项目中来。

图 3-1　朝阳村建设中的木耳大棚

（课题组拍摄，2017 年 12 月）

　　扶贫干部及村干部的带动，使贫困户和普通村民参与木耳
大棚的热情空前高涨。但同时也应看到该项目的困难，虽然木
耳大棚已经建成，可是目前朝阳村还没有懂得木耳种植技术的
人才来承包大棚。村支书遗憾地表示，"这是我们村盖的大棚，
于公于私我得先可着我们村的人（承包），但是我们朝阳村老
龄人口多，很多年轻人都外出打工了，这些老年人种了一辈子

地，但没有种过木耳，这是新技术，没人懂得技术，有村民到外村去给人家打过工，但目前还没人能够派出去学习培训，不懂技术谁也不敢种，木耳这东西'娇气'，万一湿度、温度一样没调好，全都打水漂了，所以必须得有技术。因此我就只能租给外人。但是不管怎么说，租给外人，人家有技术，咱们出人跟着干活，摘摘木耳，干点零活，这样咱们村的人一方面有打工收入，不出家门就打工了，这对这些老哥哥们是个来钱路，再有咱们也跟着人家学学技术，将来争取自己承包大棚多挣钱。"村支书的遗憾确实是朝阳村目前面临的实际困难，人口老龄化、空心化，有学习能力的人少之又少，人力资源的欠缺在很大程度上阻碍了产业的发展和产业扶贫的工作成效。

从其积极的方面看，第一，从没有项目到争取到项目，已经迈出了坚实的一步。除光伏产业、干菜产业、园田地产业外，朝阳村的扶贫工作队一直在寻找适合本村实际的产业项目。但朝阳村的实际情况较之其他村具有更加严峻的挑战，一是老龄人口多，二是空心化严重，缺少足够的人力资源，很难发展诸如畜牧养殖等产业。因此，针对这种实际情况，朝阳村扶贫工作队争取了木耳大棚项目，随后还要陆续开展相关的技能培训等工作。这就为产业难发展的朝阳村打开了一个突破口。第二，在木耳大棚项目的建设工程中，朝阳村坚持贫困户优先的原则，一些自愿参加劳动的贫困户通过建设大棚，完成挖掘、搬运等体力劳动，换取了几百元甚至几千元的劳动收入，比如一位五十多岁的贫困户，无儿无女，虽然年纪大了但还能干得了活，通过今年参加木耳大棚项目建设，赚到了近6000元工资，并且还积极地准备继续在木耳大棚打工。木耳大棚项目从建设到投入运行都需要劳动力的支持，这就能够带动起朝阳村现有的一些老龄劳动力参与进来，对贫困户起到了很好的增收作用。第三，木耳大棚产业有望吸引年轻一代返乡，为朝阳村未来的发展积聚力量。朝阳村扶贫工作队对于朝阳村的未来相当有信心，驻村书记说，"希望这些产业进来以后，慢慢地吸引外出务工的村民返乡。其实他们也不是都愿意在外务工，毕竟背井离乡，在外面没有房子，花销大，也很辛苦，没有家的感觉。中国人讲究落叶归根。咱们有了像木耳大棚这样的项目，可以有一部分人先回来，承包大棚也好，打工也好，能够回来照顾照顾老人、种种地，这样朝阳村未来就有希望。这些人如果能学学种植技术，在家门口就能承包大棚赚钱，还能带动老乡一起赚钱，脱贫致富就有盼头了！"木耳大棚不仅仅是一个为贫困户增收的扶贫项目，在朝阳村扶贫工作队的运作下，它还是全村未来发展的支柱，在摆脱贫困以后，类似的一些项目仍然能够长久地为村民服务，为乡村振兴贡献力量，这才是超出扶贫要求的、有着长远眼光的扶贫工作。

第三节 成效经验启示

无论是产业的发展，还是以点带面扩大产业影响辐射面，都要以精准识别、准确定位为基础，正如中共中央、国务院《关于打赢脱贫攻坚战的决定》中所提出的"突出问题导向，创新扶贫开发路径，由'大水漫灌'向'精准滴灌'转变；创新扶贫资源使用方式，由多头分散向统筹集中转变；创新扶贫开发模式，由偏重'输血'向注重'造血'转变"。从朝阳村实际情况出发，选择优先发展适合朝阳村实际的产业，由一项产业带动多项产业，最终形成全面、成熟的产业发展路径，是朝阳村已经摸索上路并越走越远的脱贫致富之路。

第一，要坚持结合实际，精准施策。从实际出发精准识别是扶贫工作的基础，针对不同类型的贫困户给予不同的政策支持，采取不同的扶贫措施，才能最大限度地利用扶贫工作资源，达到更好的扶贫效果。聚焦精准的目的之一就是"对症下药"，实现精准扶贫。发展产业是提高贫困地区贫困人口自我发展能力的根本举措。习近平总书记在中央扶贫开发工作会议上强调："扶贫不是慈善救济，而是要引导和支持所有有劳动能力的人，依靠自己的双手开创美好明天。要立足当地资源，宜农则农、宜林则林、宜牧则牧、宜商则商、宜游则游，通过扶持发展特色产业，实现就地脱贫。"[1]朝阳村是典型的以农业为基础的贫困村，该村的产业扶贫坚持了结合实际的原则，在"菜单式"扶贫项目中选取了适合朝阳村贫困户情况的项目，依托产业项目推动精准扶贫。朝阳村老龄人口较多，一

---

[1] 《习近平总书记在中央扶贫开发工作会议上的讲话》，2015 年 11 月 27 日。

部分贫困户"有效"劳动力不足，针对这一特点，产业扶贫工作主要围绕劳务需求低的产业展开。另外，成熟的产业项目较少，产业带动能力较弱，针对这一特点，朝阳村在明水县"菜单式"产业扶贫项目中寻找适合自己的项目，以干菜产业、园田地产业和木耳大棚等产业带动贫困户增收。

第二，要坚持"以点对点"和"以点带面"的结合。单纯地以适合村情的项目带动贫困户增收这种"以点对点"的产业扶贫方式能够在短时间内解决贫困户增收的问题，但长期来看，还需要扩大产业辐射范围带动产业链的发展，"以点带面"发展辐射范围大、辐射能力强的产业链，从而推动精准扶贫。以一项产业带动其他产业发展，对产业本身有促进作用，同时也扩大了产业辐射范围和辐射能力。目前，朝阳村不仅着眼于针对贫困户的产业扶贫，还开始构想引入与已有产业相关的其他产业。比如，朝阳村在引进干菜产业、园田地产业、木耳大棚产业的基础上，还准备开发粗粮种植产业，这些具有经济效益的农产品不仅本身具有价值，同时还能带动诸如景观旅游、乡村旅游以及电商产业发展。这种发展模式在明水县内已经得到了有效探索，比如以旅游景区、棚膜产业园为依托的桃花源农业旅游度假村，带动周边乡村旅游住宿、餐饮、购物的发展，拉动农副产品、土特产品的销售，实现景区观光旅游和乡村旅游联动发展；雇佣以建档立卡贫困户为主的务工人员，解决了部分贫困户务工需求，增加了他们的年收入。在朝阳村座谈会上，村支书谈道："别的村有在淘宝网卖农产品的，对全村带动作用非常强，可以说是带着老百姓脱贫致富奔小康。我们村现在第一步是先把农产品品种丰富起来，现在有黏苞米、干菜，还有少量的红小豆、绿豆，明年开始种植木耳，还要开发粗粮这一块，这样先富起来，同时我们也得建立自己的网站，卖自己的货，把老百姓地里种的卖出去，良性循环，就能够把全村人的积极性带动起来。"对于朝阳村未来产业的发展方向，村"两委"和驻村扶贫小组都有较为一致的想法，以产业发展带动贫困户脱贫，并且带动老百姓致富，再以产业的持续发展和扩大辐射面带动外出务工人员返乡，这是他们的初步设想。

第四章

资产收益模式——光伏产业：政府 +
企业 + 贫困户

资产收益扶贫以产业为平台，将自然资源、农村自有资源以及各类扶贫资金资产化。由经济实体以市场化的方式经营，并将收益落实到每个贫困农户，为其带来可持续的财产性收入，从而达到稳定脱贫的目标。光伏产业作为一项新兴产业，是资产收益扶贫的一种典型实践，为贫困地区提供了一个可行且易于推广的脱贫渠道。其发展需要政府在产能分配、电价补贴方面给予支持。通过发展光伏产业增加贫困农户的收益，从性质和效果来看，是较为典型的资产收益途径。

第一节　项目选择背景

《中共中央关于制定国民经济和社会发展第十三个五年规划的建议》提出了"十三五"期间的脱贫攻坚目标：在我国现行标准下农村贫困人口实现脱贫，贫困县全部"摘帽"，解决区域性整体贫困。要实现这一目标，除了加大扶贫攻坚工作力度外，创新制度安排、探索新的扶贫模式也是重中之重。"探索对贫困人口实行资产收益扶持制度"是中央层面首次提出的政策表述，这一举措将财政支农资金使用和农村集体产权制度改革结合起来，有助于农民脱贫增收实现共享发展，同时，对于重构农村产权制度、增加农民财产性收入和工资性收入也是有益的探索。

资产收益扶持制度能够有效地整合财政资金，以及村集体和农户分散的土地、资金等要素，将市场机制和资本运作模式引入农村，促使农村资本要素加速流动。将农民从传统农耕生产中解放出来，既能获得稳定的股份收益，又可以通过从事务工经营获得工资收入。一方面，增加农民收入；另一方面，使农民由旁观者变为参与者，增强了脱贫主体的主人翁意识，提升脱贫能动性。对企业以及合作社、家庭农场等新型经营主体来说，在不增加成本的前提下适度发展规模经营，获得利润最大化。从而通过扶贫机制的创新，按照广泛参与、普遍尽力、多方享有的追求目标，集中凸显创新的激活效应，向共同富裕稳步前进。

资产收益扶贫主要是针对自主创收能力有限、劳动能力不足的农村贫困人口设计的扶贫模式。丧失劳动力而无法劳作的农民、老龄贫困人口等群体，难以参与产业劳动，靠政府救济也无法持续维持生活，必须通过其他手段增加这部分群体的收入。资产收益扶贫模式目的在于把细碎、分散、闲置的资源要素转化为资产，整合到有需要的产业平台去，拓展农村贫困人口的生产和生存空间，让其享受到优质资源，帮助其实现脱贫致富。从全国范围来看，目前已有四川、湖南、湖北、贵州等省份就资产收益扶持模式开始了先行探索。黑龙江省齐齐哈尔市富裕县 2016 年开始也进行资产收益扶贫模式的探索，通过"龙头企业（合作社）+村集体+贫困户"模式，努力实现精准脱贫。明水县朝阳村通过目前已经实现全覆盖的光伏产业也进行了有意识的资产收益扶贫的探索。资产收益扶贫模式既增加了贫困户和村集体的财产性收入，又解决了产业发展的资金难题，是一举多得的扶贫新方向。

从现有的发展情况来看，明水县朝阳村的资产收益扶贫模式还比较基础，还没有进行更深入的要素挖掘。但已经积累了一定的工作经验，比如在财政资金注入方式、监管机制等方面做了有益的探索。

第二节　朝阳落地实践

资产收益扶贫以产业为平台，将自然资源、农村自有资源以及各类扶贫资金资产化。由经济实体以市场化的方式经营，并将收益落实到每位贫困农户，为其带来可持续的财产性收入，从而达到稳定脱贫的目标。光伏产业作为一项新兴产业，是资产收益扶贫的一种典型实践，为贫困地区提供了一个可行且易于推广的脱贫渠道。其发展需要政府在产能分配、电价补贴方面给予支持。通过发展光伏产业增加贫困农户的收益，从性质和效果来看，是较为典型的资产收益途径。

明水县通过发展光伏产业实施贫困地区资产收益扶贫，产业发展的基础是在引进新能源企业的基础上，多方筹资和政策支持投入光伏固定基础设施建设。光伏扶贫的固定设施主要分为村级"集中式"光伏电站和"分户式"光伏电站。财政资金和政策利好引导企业和社会资金进入新能源领域投入建设，是政府和社会的合作，是一种以少数资源带动社会资源的方法。截至 2017 年底，明水县共建设扶贫光伏电站 125 处，总发电量 40 兆瓦。2017 年 6 月 30 日实现并网发电，截至 2017 年底总利润 2640 万元，提取 713.6 万元作为扶贫发展基金，用于奖励外出务工贫困户、提前退出贫困户和其他项目自主增收贫困户，以及贫困户经城乡医保和医疗保险补偿后个人负担费用、贫困户慢病门诊自费部分、就学就医有突出困难家庭、因大灾大病新发生贫困群体救助，剩余资金用于贫困户分红。

朝阳村光伏项目启动于 2017 年底，采用 EPC 模式，由西藏东旭电力工程有限公司全额垫资建设，建设位置设置在四个自然屯中的聂家屯未利用的建设用地上，采用地面水泥桩基础支架方式进行光伏组件的排列（见图4-1）。占地面积6900平方米，建成后年可发电42万度，每度电价0.88元（每度电补贴0.51元），销售收入36.9万元，每年还贷款20.8万元，运营维护费用1.9万元，缴税4.1万元，村级收益10.1万元，可带动朝阳村贫困户每年收益1000~1500元，三年后，村级基础设施可建设完毕，贫困户收益还可增加。本项目设计装机容量0.2兆瓦，截至2017年底，一期工程完成装机容量50千瓦，2017年6月开始并网发电。

图4-1 朝阳村光伏板

（课题组拍摄，2017年10月）

在朝阳村走访的过程中，笔者向村支书及多户村民询问了光伏产业在朝阳村的落实情况。村支书佟某介绍说："朝阳村目前建成了一处光伏发电站，2017年才建成的，发电量不仅能够满足我们自己的用电，而且我们村民还能从中得到实惠，增加收入，贫困户是免费用电的，而且还能有 2000 元左右的收入。将来我们希望政府将这个实惠也向非贫困户扩展，争取让所有村民都能用上免费的电！"

受访村民对笔者说："这个光伏使我们一年能多收入一两千元钱，而且用电还不花钱，用电不花钱这件事以前都没想过，现在多少家用电器呢，电费还是挺贵的。这里外加起来不一年又省了好几百元、上千元，再加上光伏的收入，这几千元城里人不觉得是笔钱，对我们来说也是很大笔收入啦！"（朝阳村，魏某）

发展光伏产业相当于给朝阳村及朝阳村贫困户建立了一个长期的、稳定的"铁饭碗"，使扶贫工作变"输血"为"造血"，增强了贫困村、贫困户脱贫致富的信心，充分挖掘了荒山屋顶、村集中用地的作用，电力产业的建设和发展也带动了其他周边产业的发展，贫困户享受光伏电站的发电收益，不仅免费用电，而且能够从中获得稳定的净收益，长期来看，增收效果明显。对于具有劳动能力的贫困农户，以光伏产业为代表的资产收益扶贫在强调收入增长和收益稳定的基础上，致力于提高贫困农户参与度，增强脱贫的内生动力和可持续发展能力。对于失能、弱能贫困人口，资产收益扶贫着重于发挥"托底"效能，与社会保障制度相辅相成，合力使其摆脱贫困状况。

第三节 成效经验启示

根据国家精准扶贫政策精准识别要求，通过对实际工作的总结，明水县县委书记路百胜提出将当地贫困户分为三种类型："一扶即脱型""长扶能脱型""久扶不脱型"。所谓"一扶即脱型"，即通过一两项扶贫政策支持即可通过个人努力摆脱贫困状态的贫困户；所谓"长扶能脱型"，即通过较长时间、较多政策支持可以摆脱贫困状态的贫困户；所谓"久扶不脱型"，即一些无劳动能力或劳动能力弱的老龄贫困人口、残疾贫困人口、重病贫困人口，即使加大扶贫力度、延长扶贫时间也仍然难以摆脱贫困状态的贫困户。而朝阳村有相当一部分由于身体原因难以脱贫的贫困户，在国民经济持续发展和精准扶贫攻坚大规模扶贫任务展开的背景下，为帮助这部分贫困人口早日实现脱贫致富的愿望，各类项目层出不穷，但多数项目都对贫困者劳动能力、资金、技术等具有一定要求，而朝阳村此类贫困户不具备生产能力，由于自身先天或后天的能力不足无法有效参与项目的贫困户如何脱贫，是精准扶贫工作中的一个重要环节。需要寻找一种有效的扶贫方式，使不具备发展要素的贫困者也能够获得持续增收的机会，在这种情况下，朝阳村探索性地挖掘了资产收益模式带动完善扶贫工作机制。从目前资产收益扶贫模式的开展情况看，至少有以下几点优势。

第一，资产收益扶贫模式拓宽了贫困人口的增收渠道。光伏产业的全覆盖使得贫困户全部增加了收入，有一些还有能力参加其他产业的贫困户通过不同的增收渠道，多处增收，脱贫愿望指日可待。没有劳动能力的贫困户也有了一定的收入，增加了脱贫信心。

第二，资产收益扶贫模式优化了贫困地区的资源配置。在大多数贫困地区，资本不足是限制经济发展的重要因素，由于资本不到位，导致地区优势无法有效开发，制约了经济的持续快速发展。资产收益通过财政资金的资本化弥补了贫困地区资本不足的劣势，为贫困地区的资源配置提供了可能的改善渠道。

第三，资产收益扶贫模式还将进一步为精准扶贫和地区发展服务。目前，朝阳村的资产收益扶贫工作开展得还比较初级，获益有限，但可以预见在不断的实践中朝阳村将吸取经验，未来资产收益模式不仅可以为精准扶贫服务，同时还能继续推广下去，为地区经济发展服务。从这个意义上看，资产收益模式还具有长远的意义。

目前，资产收益扶贫模式还处在探索期，仍然有很多待研究和解决的问题。除了财政资金的牵引，还面临如何盘活农民自有资源和农村资产的问题，构建以财政资金为牵引的多元资金整合投入机制，同时，建立公开、客观的资金使用监管机制，从多个角度出发，不断探索完善资产收益扶贫模式，才能使资产收益模式向更好的方向发展。

第五章

典型带动模式——能人效应：新型
农民＋贫困户

贫困村穷困乃至空心化，导致人口的市场竞争能力不足，既是贫困的诱发因素也是引致结果，仅凭自身努力，一时很难突破这道瓶颈，需要通过长期的外部学习积累，才能弥补生产率低下的缺口。而最好的学习对象，就是贫困户身边率先发展起来"能人"。由于村中的能人已经迈过了生产效率的门槛，有一技之长并经受了市场的历练，熟悉当地的经济环境，在综合素质和市场嗅觉方面具有比较优势，同时，能人也是贫困户身边的熟人甚至亲属，更容易交流沟通和建立互信，所以贫困户更有主动性跟着身边能人学习生产，更快地提高生产水平。

第一节　项目选择背景

在新一轮扶贫攻坚中，在强力推进精准扶贫工作进程中，要把培育能人和壮大能人，充分发挥能人效应作为助力精准扶贫的重要抓手，创新工作方法，开发能人资源，认清能人优势与精准扶贫的契合点，充分调动能人在扶贫工作中的积极性，正确引导他们走共同富裕、集体奔小康之路。

通过创业致富带头人带领农民脱贫增收是一种效率高、效果好的扶贫工作方法。其关键在于培育能人，对在农村贫困地区从事创业活动和有创业意向的人员进行创业意识、创业能力、扶贫带动能力等方面的培训，并对他们的创业活动提供跟踪服务，由他们吸纳和带动建档立卡贫困户参与创业活动，实现增收脱贫。在一些省市，能人培训是作为一项培训项目来抓的。它对于践行习近平总书记内源扶贫思想、激发贫困乡村贫困户内生动力具有重大意义。

从各地经验来看，能人主要分为三类：一是原有的村干部、合作组织负责人和种养能手；二是召回的本土外出打工、创业成功人士；三是返乡创业的大中专毕业生。就朝阳村的情况来看，主要是一、二类。动员人才返乡的渠道主要是政策吸引和亲情感召。探索和利用"能人效应"，是落实精准扶贫、精准脱贫的有效途径，是推动地区经济持续良性发展的动力，对打赢脱贫攻坚战意义重大。鉴于一些贫困户文化素养较低、劳动能力较弱的情况，难以靠自身努力发展产业，能人带动作用就显得尤为重要。比如经济能人能够带动贫困户发展特色高效的产业，基层干部带动促进群众共同致富，帮扶干部具有人脉广、信息灵的优势，也能够充分为贫困户排忧解难。因此，充分开发、调动各类能人积极性、完善扶持政策、搭建创业平台、建立紧密的利益联结机制，是完成精准扶贫、精准脱贫工作的一项重要途径。

第二节　朝阳落地实践

贫困村穷困乃至空心化，导致人口的市场竞争能力不足，既是贫困的诱发因素也是引致结果，仅凭自身努力，一时很难突破这道瓶颈，需要通过长期的外部学习积累，才能弥补生产率低下的缺口。而最好的学习对象，就是贫困户身边率先发展起来的"能人"。由于村中的能人已经迈过了生产效率的门槛，有一技之长并经受了市场的历练，熟悉当地的经济环境，在综合素质和市场嗅觉方面具有比较优势，同时，能人也是贫困户身边的熟人甚至亲属，更容易交流、沟通和建立互信，所以贫困户更有主动性跟着身边能人学习生产，更快地提高生产水平。

以先进带动落后，发挥村里能人的作用。发挥能人的技能、经济、创业优势，带动贫困户致富，在技术、培训、销售等方面给予支持，有效带动贫困户脱贫增收。2017年7月21日，明水镇举行"创先进、树新风、促脱贫"系列活动暨朝阳村启动仪式（见图5-1），明水镇相关负责人、驻村工作队、包扶部门负责人、第一书记及朝阳村100多户村民参加了此次活动。评选致富标兵户、优秀包扶人，并对脱贫户激励抽奖（见图5-2）。

图5-1 "创先进、树新风、促脱贫"系列活动暨朝阳村启动仪式
（朝阳村驻村第一书记唐继峰拍摄，2017年7月）

图5-2 "创先进、树新风、促脱贫"系列活动——致富标兵户
（朝阳村驻村第一书记唐继峰拍摄，2017年7月）

为激励能人的参与，给予其足够的经济利益。例如鼓励能人作为领办人发展合作社，通过带动贫困户发展，扩大经营规模，获取更多的规模报酬，增强在产业链中的议价能力，获取更大的利润空间。

第三节　成效经验启示

通过能人带动村贫困户走出贫困，加入到产业扶贫工作中来，是朝阳村扶贫工作队在实践工作中总结出来的基本经验，不但在产业扶贫方面需要能人带动，在其他的扶贫事务中能人也发挥了重要作用。

第一，以先进带动落后，发挥村里能人作用的成效已经逐步显现。在朝阳村座谈会上，一位种粮能手道出了自己的心声："咱也不是比别人强啥，就是种粮前先研究研究哪种粮食缺了，和种子公司多联系，问问哪种种子好，选好种子很重要。但是我胆子大，我先种，我种好了收成上去了，其他人就来问我哪种种子好，跟着我种。"（朝阳村，村民赵某）在同等情况下，相对于村干部的劝说，村民更看重同为老百姓的村里能人的意见，在能人的带动下，村民和贫困户更愿意做出改变。朝阳村定点扶贫驻村工作队正是看到了村内能人的优势，在实际工作中发动群众以先进带动落后，取得了良好的效果。一

个贫困户表示:"他(指种粮能手)用啥种子我就用啥,反正有点贵,但是收成高,也值了。"(朝阳村,贫困户刁某)

第二,打好能人亲情牌。在对贫困户的工作中,驻村工作队还善于调动贫困户的带动作用。驻村工作队李书记在一次走访中,遇到一位大娘,她年纪大了,儿女在外务工,孤身生活。这位大娘对扶贫工作队的人员并不友好,甚至找到村支部理论,为自己的待遇和生活处境申诉。李书记耐心听了大娘的困难,又私下了解了大娘家的情况,多次专程去大娘家里看望,她说:"实际上这位大娘特别不容易,是个特别刚强的人,她姑娘在外地,没法顾念她,大娘自己生活各方面都不方便,所以才来找我们。我跟大娘说你要不嫌弃就认我这个干姑娘,以后有啥事我帮你跑。几次相处下来,大娘觉得我们还信得过,认了我当干闺女,盖房子等许多事我们工作队帮着办了,大娘特别感动,每次去都要给我们做饭。我就想她跟我母亲一般大,如果我母亲有这种情况,有个人帮忙该有多好。所以对贫困户将心比心,他们也会真心回报。"(朝阳村,驻村工作队李书记)这位大娘帮助驻村工作队劝说其他贫困户参加暖房子工程,通过自己的现身说法帮助驻村工作队做好入户工作,为扶贫工作提供了便利。

"以强带弱"模式不仅仅体现在生产领域,在生活领域也存在"先进带动落后""一户带动多户"的情况。在入户走访中,笔者遇到当地一位贫困大娘,独自一人生活,房屋已经破旧不堪,严重拉低了生活质量,甚至威胁生命安全，但面对村干部盖房子的劝说却屡次拒绝。每次这位大娘都以年纪大了不愿折腾为由拒绝，扶贫工作人员李书记走访二十多次，她终于说出了心里话："孩子，我不是不想盖房子，谁还不知道新房子好呢，谁愿意住这老房子呢，漏风漏雨的，我是有困难，一呢，我是没能力折腾，这来来回回搬东西，我家没有干活人；二吧，我说了个后老伴，我这还怕他过来了以后再给儿女添麻烦。"（朝阳村，贫困户刘某）

在解决危房的工作中，朝阳村扶贫工作队被拒绝的情况不止一家，大部分贫困户在听说了"政府出钱给你盖房子"的政策后，并不是立即主动地接受危房改造，而是经历了一个"怀疑"的过程，每家贫困户的情况都不同，每家都有不同的困难，要一点一滴地解决。对于不肯推倒危房重盖新房的贫困户，驻村扶贫工作队还想出了"让先进带动落后"的办法。让已经盖了房子的贫困户去劝说其他贫困户，甚至把他们请到新盖的房子里，以现身说法的方式说服他们，取得了良好的工作效果。

第六章

分散托养模式——生态养殖业：
　　　企业＋贫困户

明水县县委、县政府经过几年的实践，着手探索一条让更多的社会力量参与扶贫工作，走一条社会化、产业化、企业化扶贫的路子。即：由职能部门（扶贫办）对接龙头企业，通过约束手段将扶贫资金投向企业，再由企业对接农户，承担市场风险和自然风险，为农户提供肉牛、技术和市场信息等资源和服务，通过企业行为扶贫农民。初步建立了扶贫贷款、企业资本和贫困户投入"三位一体"的托养式企业化扶贫模式。理顺了部门与企业、企业与农户、农户与市场、生态与畜牧、扶贫与发展五个关系；在扶贫科学化、经济生态化、畜牧产业化、收益最大化、风险最小化方面取得了初步成效。

第一节　项目选择背景

畜牧业是农民获得经济收入的重要产业，明水县畜牧产业的综合实力为畜牧产业扶贫打下了良好基础。要将该资源优势充分地发挥出来，就要做好科学引导和精准扶持，帮助农民增加收入，走致富道路。结合目前正在开展的供给侧结构性改革，既要动员贫困户从事畜牧业养殖，又要加强科学指导，帮助做好全面规划，充分发挥行业的优势，解决技术上的难题，还要依靠龙头企业拉动作用，根据市场需求，发展分散式生态养殖。被委托贫困户只需按照企业的要求建好栅舍，养殖过程无须本钱，公司提供畜苗、饲料、药物、技术指导、操作规范，并负责合格成品回收。目前分散托养的模式在县乡各贫困村充分展开，受到贫困户的普遍欢迎，养殖风险小，效益相对较高。

调研组在明水县看到，明水县县委、县政府以党的十八大、十九大精神为指导，认真贯彻落实国家、省、地区三级扶贫指示精神，以重点贫困村为主战场及扶贫对象，以实现农村贫困户增收致富为目标，紧紧围绕发展生态畜牧业，依托资源优势，加大产业扶贫力度。把畜牧业作为促进农民增收的主要产业来抓，将畜牧业打造成农民脱贫致富的"新支撑"。坚持走"广种草、舍饲养，改畜种、调结构，小群体、大规模"的发展路子，以"漫山遍野种草，千家万户养畜"为主推模式。同时注重畜牧业的发展与生态环境相协调，要求各乡镇推进畜牧业扶贫发展的同时，实施必要的环境保护措施，以避免由于发展畜牧业而导致环境污染。要求各托养贫困户要在村域划定的范围内放牧，不可以进入禁牧区，否则，按照有关制度予以处罚。实施严格管理，促进畜牧业扶贫工作有效开展，将扶贫政策精准落实，确保扶贫到位，让贫困户真正走上致富道路。而且，生态养殖一方面可提供生产生活能源；另一方面还可为农业生产提供优质有机肥，这同时解决了畜禽养殖废弃物对周围环境的危害，确保公众身体健康，促进畜牧业持续健康发展。

2017年，明水县通过落实畜牧产业扶贫措施共涵盖3016户，占贫困户总数的33.16%，其中奶牛托养1516户、肉羊散养572户、生猪饲养416户、白鹅助养512户，实现贫困户户均增收2000元以上的目标。在奶牛托养上，采取托养模式，贫困户将从银行获得的5万元贷款委托给绿野牧业等企业，企业为其购买奶牛，企业负责偿还本金，贫困户每年可获得3500元的收益，托养年限为三年，参与的贫困户可获得10500元的收益。

第二节　朝阳落地实践

精准扶贫，产业先行。根据贫困山区明水县域的自然条件和资源特点，加快生态畜牧业发展成为实现贫困户增收的一个重要选择，也是结合当地实际，发展特色产业脱贫攻坚的重要方式。明水县县委、县政府经过几年的实践，着手探索一条让更多的社会力量参与扶贫工作，走一条社会化、产业化、企业化扶贫的路子。即：由职能部门（扶贫办）对接龙头企业，通过约束手段将扶贫资金投向企业，再由企业对接农户，承担市场风险和自然风险，为农户提供肉牛、技术和市场信息等资源和服务，通过企业行为扶贫农民。初步建立了扶贫贷款、企业资本和贫困户投入"三位一体"的托养式企业化扶贫模式。理顺了部门与企业、企业与农户、农户与市场、生态与畜牧、扶贫与发展五个关系；在扶贫科学化、经济生态化、畜牧产业化、收益最大化、风险最小化方面取得了初步成效。按照县整体扶贫攻坚战略，针对贫困村的实际情况，组织畜牧兽医科技专家对扶贫村进行实地调研，结合贫困村的地理位置、气候条件和村情民意，有针对性地制定畜牧产业发展规划。同时，组建专门小组，负责政策宣传、信息传递、技术指导、项目实施等工作，确保全县每个贫困村至少有 1 名畜牧科技帮扶人员。并且组织畜牧科技工作人员主动联系帮扶对象"认亲戚""结对子"，帮助他们对生产和生活中存在的各种困难"找症结、查病因、开良方"。

在具体操作中，朝阳村用"托管养牛"方式推动企业与贫困户对接，把养牛车间分散地建在贫困户家，以"合作托管、全程服务、包回收"为核心的新颖模式，让贫困户养牛"产得多、长得快、卖得贵"，组织有场所和养殖经验的贫困户利用小额扶贫贷款，从企业认购肉牛分散到户托养，企业实行统一技术、供料和防疫，对贫困户实行保底价回收。企业与贫困户签订合同，推行保底服务，解除贫困户的后顾之忧，让贫困户实现了养牛脱贫。山地农业综合开发有限公司是明水县崇德镇招商引资来的集标准化肉牛繁育、改良、饲草饲料及屠宰加工为一体的综合开发企业。2016 年 12 月开始，山地农业综合开发有限公司通过贷资入企的政策，借贫困户之"手"获得贷款，实现自我发展，贫困户借企业之力，获得收益，通过带资入企的方式，成功实现了企业与贫困户的对接，二者都成为受益者。朝阳村肉牛托养产业带动了 14 户贫困户，户均增收 2000 元。

另外，朝阳村还有一户贫困户获得白鹅助养补助资金，贫困户饲养 20 只以上白鹅，且增收超过 500 元以上者，政府除等额配比饲养的鹅雏外，每只奖励 1 元，超过 20 只每只追加奖励 2 元，进一步增加了贫困户的收入。分散托养方式脱贫对于朝阳村贫困户来说更乐于接受，既降低了产业风险，减少了贫困户的压力，又能够带动贫困户脱贫增收，还缩短了脱贫期限，可谓一举多得。政策力度之大，政策落实之严，贫困户收益之快，获得了贫困户的肯定。在朝阳村座谈会上，村支书表示："有饲养能力的村民赶紧加入进来，平时一些妇女在家也没多少活儿，能养养鸡、鸭、鹅，帮助脱贫增收，大伙还是乐意的。"（朝阳村，佟某）

第三节 成效经验启示

在县委、县政府的领导下，调动企业力量、社会力量参与扶贫工作，整合多方力量，共建扶贫大格局，朝阳村获得了康盈医院的帮扶，在企业与贫困户之间架起了一座桥梁，康盈医院较之山地农业等企业对朝阳村的帮扶方式不同，但康盈医院作为唯一一家企业性质的帮扶单位，对朝阳村扶贫工作的参与程度更深、参与力度更大。与其他企业一起，在企业与贫困户的对接问题上，为企业参与扶贫工作提供了更为开阔的视角。

第一，通过资本介入参与扶贫项目。明水县政府积极引导县内龙头企业黑龙江壹丰科技、地山农业、康盈医院等共同参与产业扶贫。壹丰科技与崇德镇光星村以股份制方式投资160万元，建设年加工3万吨大豆物理压榨项目，建设3万亩大豆生产基地，带动光星村239户建档立卡贫困户参与；地山农业与崇德镇合胜村以股份制方式投资150万元，建设5000吨黏玉米冷藏保鲜库项目和3000亩优质鲜食玉米综合产业化基地，带动19户贫困户直接参与生产。310万元的股份归村集体持有，用于产业扶贫的各项投入。

第二，通过人员输出参与扶贫项目。康盈医院是朝阳村的帮扶单位，并且是明水县唯一一家派驻扶贫驻村第一书记的民营企业。朝阳村第一书记（即康盈医院办公室主任唐季峰）在乡镇党委领导和指导下，依靠村党组织、结合村"两委"成员开展工作，协同镇包村干部和村"两委"共同推动精准扶贫工作，建强基层组织，为群众办事服务，提升乡村治理水平。面对朝阳村老龄人口比较多的情况，康盈医院还向朝阳村派驻了两名具有护士资格证的年轻护士，帮助朝阳村卫生室的建设。

第三，通过企业内部优惠政策支持扶贫工作。康盈医院为朝阳村贫困户提供了特殊的优惠政策：朝阳村贫困户在康盈医院就诊、住院的花销，除去新农合、大病救助保险、低保对象医疗救助报销费用外，全部由康盈医院支付。在走访中，笔者与一位大娘陈某交谈，大娘患有肺心病、糖尿病、关节炎等多种疾病，每到秋季都要忍受疾病的折磨，在扶贫驻村工作队的劝说下，前往康盈医院治疗，经过半个月的住院减轻了病痛，并且没有花自己一分钱，大娘十分感激："我这些病这么多年也治不好，我寻思也就这样了，但是真遭罪呀！在康盈医院住了半个月院，这么给治治吧确实不难受了，也能喘得上来气了，也能自己走路了。除去吃吃喝喝的钱，看病真没花一分钱。"（朝阳村，贫困户陈某）

企业介入扶贫工作确实为农民尤其是贫困户带来了利益，但是企业本身如何收益、如何让企业与贫困户及村民的互动能够实现可持续良性发展，还需要有更加成熟的机制、更为深入的参与，这也是未来朝阳村努力的方向。

第七章

土地认养模式——园田地产业：
配送认养＋贫困户

土地认养，在朝阳村乃至明水县被亲切地称为"园田地产业"，简单来说，就是拿生产者的地，种消费者想要的产品，事实上是"认养农业"的具体表现。它是生产者和消费者（认养人）之间达成的一种风险共担、收益共享的生产方式，也是一种新型农业生产和销售模式。"认养农业"这一具有创造性的新供需关系，恰好是生产与市场之间多项失衡的黏合剂，在一定程度上为供给侧改革铺了一条路。

第一节 项目选择背景

当前认养农业已成为一种重要的新型民生产业和新型消费业态。把"田园野趣"转化为发展资本的土地认养农业发展模式，即消费者预付生产费用，生产者为消费者提供绿色食品、有机食品，土地认养农业在生产者和消费者之间建立了一种风险共担、收益共享的生产方式，实现了农村对城市、土地对餐桌的直接对接。土地认养模式的施行，不仅可以帮助分散性较强的贫困户脱贫增收，还能与旅游、养老、文化等产业进行深度融合，以城市居民作为目标市场，以体验、互动项目为卖点，将特色农产品、旅游景点、风情民宿进行整合包装，再打包兜售。在帮助现代都市人认识农业、体验田园观光的同时，化解贫困户问题，增加其收入，带动农业、农村、农民生产健康、有序发展。

土地认养农业的出现和兴起无疑是一个新的、有益的探索。随着工业化的迅速推进，化肥、农药的过度使用，虽然提高了粮食产量，但同时也导致了污染的日益严重。与传统的生产方式不同，认养农业给消费者提供的是放心产品，生产者不用市场调研，不愁产品卖不出去，体现了认养农业的独特优势。从实践看，认养农业不仅给农村带来了客流、信息流、资金流，也解决了一家一户分散经营难以脱贫增收的核心问题，更重要的是，认养农业模式推动了一、二、三产业的深度融合。随着人们生活水平的逐渐提高，相比于传统的农产品供销模式，现在越来越多的人愿意吃自己土地种植出来的果蔬。通过土地的认养，忙碌的都市人可以参与农业生产的各个环节，也可以在果实成熟时，带上家人，一起享受充满农家乐趣的假日休闲。

调研组在明水县看到，县委、县政府充分利用时下最火的经济热词——"共享"，"试水"了农业扶贫的共享模式，即曾几何时在网络上风靡一时的"开心农场"，从网上种菜热潮中看到商机，模仿游戏模式，通过"土地共享"经营起了现实版的开心农场——认养农业。从"四个意识"的认识高度来落实"有块园、有亩田、有基地"活动。依靠寒地黑土富硒弱碱优势，利用高品质食品和功能食品组合，打造高端"私人定制"模式，落实土地认养，施行"园田地产业"扶贫规划。园田地产业目前已经实现了明水全域覆盖，全县共落实核心区 16 个、40281 亩，落实 2555.7 亩"园"、4669.3 亩"田"、22 万亩"地"，共带动贫困户 4341 户，年可拉动户均增收 1000 元以上。

第二节 朝阳落地实践

土地认养，在朝阳村乃至明水县被亲切地称为"园田地产业"，简单来说，就是拿生产者的地，种消费者想要的产品，事实上是"认养农业"的具体表现。朝阳村凭借自身实际及地理优势"试水"认养农业，开启了现代农业的新模式，目前"园田地"项目（见图7-1、图7-2）占地面积20亩，由对口朝阳村的帮扶单位康盈医院投资建设。大田种植作物为芽豆，种植面积约12亩；菜园种植黏玉米、豆角、黄瓜、西红柿、辣椒、菇娘、茄子、西葫芦等作物，种植面积约8亩。2017年"园田地"项目预计增收2万元，事实上达到了农业增收、土地增效的目的，为贫困民众致富助力。这种消费者预付生产费用，生产者为消费者提供绿色、有机食品的认养农业，实现了农村对城市、土地对餐桌的直接对接，既能让城市居民放松心情，与土地有个绿色约定；还能促进朝阳村老龄化贫困户就业，增加他们的收入；更能提高闲置土地的利用率，并带动农家乐和乡村旅游业的发展，推进整村富裕。

图7-1 朝阳村园田地（一）

（朝阳村村支部书记童秀军拍摄，2017年5月）

图 7-2　朝阳村园田地（二）

（朝阳村村支部书记童秀军拍摄，2017 年 5 月）

　　目前，朝阳村园田地的认养者主要是县内的企事业职工，还未推广到更大的范围。当前的园田地产业主要是将村民自有菜园种植的瓜果蔬菜进行定期配送服务，即在种植之前已为这些田园绿色食品找到了买家，村民将原本粗放种植的田园地进行细致划分，尽可能多地提高田园地的产值，从而获得更多的收入。事实上，土地认养有自主认养、托管认养、配送认养三种模式。自主认养就是市民认养菜地，自己决策种什么蔬菜、如何耕种，生产者提供种子、有机肥、水及必要的农具，还给予种植技术上的支持。"地主"需要每周不定期到农场管理菜园，承担种植及收获的任务。托管认养即"地主"在决定种什么、如何耕种后，所认养的土地由生产者全程托管。从春种到秋收，在种子播种、浇水施肥、夏秋管理等各个环节，生产者提供全程"保姆式"服务，确保认养客户吃到应季新鲜的蔬菜。托管期间，认养人可随时来体验种植，也随时可以监督，到收获季时，只来收菜。配送认养是"地主"认养土地，生产者按照认养人的要求承担全部种植任务，并定期将新鲜蔬菜、水果配送到"地主"手中。朝阳村园田地产业下一步的发展目标即完善土地认养的三种模式。

通过园田地产业这一做法，一方面使村民产生了更大的获得感，对脱贫致富产生了信心；另一方面也帮助村民改变思维，变无为有、变废为宝，对改变他们的思维、走上致富之路具有更加积极的意义。在走访中，一位贫困村民表示："自己种了一辈子地，没赚几个钱，没想到现在当'职业农夫'，给别人种地反倒赚得多了。"朝阳村主要是老龄人口比较多，会使用电脑的人寥寥无几，有能力经营网店并且能够通过网店把农产品推销出去的人才更是需要挖掘和培养。但加入田园地产业中，从基础环节参与进来对未来获得更高水平的发展无疑是十分有利的。驻村工作队李书记表示："朝阳村目前除了田园地种的瓜果蔬菜外，还在努力向广大贫困户和村民推广红小豆、黑豆等经济收益好的杂粮种植，关键问题是得让老百姓接受这个项目，老百姓主要是有顾虑，总是担心这个、那个，最怕的是有种植风险，万一种不成功，或者虽然种成了，但一年、两年收成不好，效益不高，挣不到钱，或者种好了卖不出去，也没有用，这都是老百姓担心的问题，所以我们不仅仅要做思想工作，要宣传政策、落实政策，还要帮老百姓找技术人员，教他们怎么种才能种好了，有了好的农产品还要帮着推向市场，还得卖出去，现在叫寻找商机，这一系列的工作可不是那么简单，但不管怎么说，如果未来能有更多的农产品品种，相信经济收益还会提高。"（朝阳村，佟某）

田园地产业这一实践对于加快转变农业发展方式、提高农业产业化水平、发展特色生态农业、促进农民持续增收都具有积极作用。按照高产、优质、高效、生态、安全的要求，依托优势，因地制宜，做大做强本村特色产业，逐年增加经济作物的主导地位，不仅能使贫困户获得收益摆脱贫困，更能够促进县域经济的发展。以小米、黑豆等杂粮品种为主，进一步优化品种结构，提高产量和品质；大力发展高产、抗旱、优质和生态的玉米、大豆产业基地，加快改造低产品种，引进科学的种植技术，提高粮食产量和产值。

第三节　成效经验启示

明水县现有农民专业合作社 1670 个，其中贫困村有 371 个，占合作社总数的 22.2%。组织 12 户龙头企业、371 个合作社、近万户农户投身"明"牌基地建设，在贫困村流转劳动力 5734 人，成立了"一亩田"农业发展有限公司，共落实核心区 16 个 40281 亩，落实"有块园"2038亩、"有亩田"3682亩、"有基地"22万亩,共带动贫困户1500户,占贫困户总户数的16.5%,年可拉动户均增收1000元以上。在土地认养模式下,综合来看,朝阳村的实践经验包括以下方面。

第一,在参与扶贫项目上,借助配送认养相结合的方式,调动包括社会组织、新型经营主体、政府机关及企事业单位工作人员等参与爱心助贫。朝阳村落地的园田地项目占地20亩,种植黏玉米、豆角、黄瓜、西红柿、菇娘等果蔬品种。购买对象目前主要以政府机关及企事业单位工作人员为主,还有其他社会爱心人士参与。在座谈会上,调查人员问及土地认养模式时,有群众表示:"现在生活条件好了,大家也想吃点绿色食品,另外,礼拜天去郊区种种地、浇浇水,也是一种娱乐、一种放松,自己种菜自己吃也挺有意思,所以其实并没多花多少钱,买什么都是吃的,能够通过这种方式帮助贫困户,我们也非常高兴。"(明水县,周某)

第二,在筹集扶贫资金上,朝阳村创新工作方法,多渠道筹集建设资金,在深入推进党员干部包组联户,开展本村有能力的党员干部结对包联贫困户活动,在县、镇领导包村联户、包组联户的基础上,实现贫困户包联全覆盖。积极动员种植大户及社会人士,凝聚社会力量,出资建立扶贫基金。在积极争取上级专项资金、整合涉农项目资金捆绑使用的同时,健全多元化投入机制。鼓励引导企业和社会力量参与农村面貌改造提升行动,引导农民投资、投工、投劳,共同将精准扶贫工作引向深入。尤其在美丽乡村建设上，朝阳村鼓励贫困户参与劳动，优先雇佣贫困户，这种做法不仅让贫困户有所收入，同时也在实际行动上让贫困户认识到自己能够劳动致富，增加了他们脱贫的决心和信心。

第八章

金融撬动模式——贷资入企：农商行 +
企业 + 贫困户

近年来，明水县立足县情实际，创新金融扶贫方式，精准发力，不断探索符合当地实际的扶贫开发道路，撬动金融资本助力扶贫。明水县财政投入风险基金1050万元，扩大10倍，可撬动金融资本1.05亿元。县政府制发了《明水县金融扶贫工作实施意见（试行）》（明扶组字〔2017〕7号），开展扶贫小额信用贷款，重点审核系统建档贫困户信息，支持建档立卡贫困户发展产业增收致富，解决贫困户和新型经营主体资金短缺问题。

第一节　项目选择背景

在新常态下，金融是全面深化改革的推进器，是"去产能、去库存、去杠杆、降成本、补短板"五大任务的经济支撑，金融是供给侧结构性改革资金来源的保障。金融扶贫是国家层面的政策安排，是社会扶贫体系的重要力量，党和政府把金融扶贫作为脱贫攻坚的重大措施和部署，极大地促进了扶贫开发事业的发展。金融扶贫方式一种是通过增加收入直接减少贫困；另一种是通过信贷等金融产品类的服务促进经济发展、调节收入分配，间接减少贫困。

金融是产业扶贫的重要支撑，是精准扶贫、精准脱贫的推进器，在扶贫开发中扮演着重要的角色。但是，由于其在资金来源、运作方式等方面的特殊性，金融扶贫必须要和产业项目结合起来，通过支持建档立卡户创业脱贫的直接方式，以及支持各类经营主体带动贫困户就业脱贫的间接方式，才能更好地发挥金融资金的撬动作用。随着扶贫开发进入"啃硬骨头"的关键时期，贫困户基础条件相对较差、贫困程度更深、缺乏优质项目、抵押担保不足等问题突出，很难迈过银行信贷门槛，扶贫贷款跟进力度放缓，信贷资金供给和扶贫融资需求存在错位。

调研组在明水县走访中得知，金融扶贫是明水县推动产业扶贫的重要手段，金融创新结合当地农业发展和创新融资手段，促进当地农村及农业发展。在金融创新方面，积极研发金融产品，带动龙头企业吸引更多投资。

现时明水县实行的"金融＋产业扶贫"模式即以产业项目为依托，通过金融资金和产业项目有机结合，通过"带资入企＋贫困户分红"模式精准支持扶贫项目发展，有效发挥金融扶贫的"造血"功能。金融扶贫的内在机制决定了扶贫更加精准、更加有效、更能实现扶贫脱贫的持续性。在政府主导下，县乡两级金融机构积极推进金融扶贫，设置金融扶贫专门机构，以政策为导向，增加扶贫资金投入，支持产业扶贫，特别是支持畜牧业扶贫行动。有效利用明水县畜牧业良好的发展基础，在有潜力的贫困村，选择金融助推畜牧业脱贫多种模式，并推广应用。2017年，按照"5万元以下，3年期以内，免担保、免抵押，基准利率放贷，财政贴息，县建风险补偿金"的管理原则，对2193户"带资入企"贫困户资格进行审核。同时为全县建档立卡贫困户免费上扶贫小额保险，每人投保金额30元，全县投保20854人，投保资金62.562万元；为8111户建档立卡贫困户上房屋保险，每户10元，投保资金8.111万元，切实为贫困户人身和财产提供保险保障。

第二节 朝阳落地实践

　　近年来，明水县立足县情实际，创新金融扶贫方式，精准发力，不断探索符合当地实际的扶贫开发道路，撬动金融资本助力扶贫。县扶贫办围绕县域经济发展大局，进一步深化扶贫开发和惠民行动工作，针对贫困村发展现状，坚持从实际出发，因地制宜，从解决群众关心的热点、难点问题着手，充分发挥金融机构行业优势，做到了思想上帮扶、行动上帮扶、感情上帮扶，从开展"献爱心 送温暖"活动，到协助扶贫点解决贫困人口温饱和增加低收入人口经济收入问题，从加强基础设施、发展农村经济到改善村容村貌，倾注真情、竭尽全力地为帮扶村群众办实事、办好事，圆满完成了定点帮扶的各项工作计划和任务，为推进扶贫点扶贫开发和新农村建设工作做出了积极贡献，受到了干部群众的一致好评。2017 年，明水县财政投入风险基金 1050 万元，扩大 10 倍，可撬动金融资本 1.05 亿元。县政府制发了《明水县金融扶贫工作实施意见（试行）》（明扶组字〔2017〕7 号），开展扶贫小额信用贷款，重点审核系统建档贫困户信息，支持建档立卡贫困户发展产业增收致富，解决贫困户和新型经营主体资金短缺问题。各乡镇、农商银行与邮储银行大力宣传政策，积极开展业务。

截至 2017 年底，已发放扶贫贷款 2073 万元。其中，发放小额扶贫贷款 367 户，金额 1173 万元；发放企业带动扶贫资金一笔，金额 800 万元，以订单收购的方式带动贫困户脱贫 95 户；发放合作社带动扶贫资金一笔，金额 100 万元，以用工合同的方式带动贫困户脱贫 22 户。采取多方式、多渠道进行投资和融资，运用"政府投一块，社会献一块，企业拿一块，群众筹一块，银行贷一块"的模式，发挥好财政资金"四两拨千斤"的杠杆作用，注重运用市场化办法，推广政府与社会资本合作、政府购买服务等模式，创新扶贫资金使用方式，撬动更多的信贷资金、社会资金投向扶贫。

金融扶贫贵在精准，重在落实，不仅要做到资金和服务到位，更要体现在扶贫效果的高效上。朝阳村借此东风，落实贷资入企政策，采取"农户贷款，企业用还，政府担保"的模式，发展肉牛托养产业，贫困户户均申请扶贫小额贷款 4 万元。在落实贷资入企政策的过程中，朝阳村按照规定分步骤开展贷资入企贫困户的筛选工作。第一步，村内筛选，筛选出信用合格的贫困户，主要是没有贷款或是没有不良还款记录的贫困户，大部分贫困户均符合此规定；第二步，年龄筛选，筛选 65 周岁以上的人；第三步，将名单交与明水县农商银行，由农商银行统一核对信息、贷出金额，作为股份把贷款贷给企业，贷资入企的贫困户按比例分红。朝阳村最后核定的有 8 户贫困户通过贷资入企的方式户均增收 1500 元。

在筹集扶贫资金上，朝阳村创新体制机制，多渠道筹集建设资金，在深入推进党员干部包组联户，开展本村有能力的党员干部结对包联贫困户活动，在县、镇领导包村联户、包组联户的基础上，实现贫困户包联全覆盖。积极动员种植大户及社会人士，凝聚社会力量，出资建立扶贫基金。在积极争取上级专项资金、整合涉农项目资金捆绑使用的同时，建立健全多元化投入机制。鼓励引导企业和社会力量参与农村面貌改造提升行动，引导农民投资、投工、投劳，共同将精准扶贫工作引向深入。尤其在美丽乡村建设上，朝阳村鼓励贫困户参与劳动，优先雇佣贫困户，这种做法不仅让贫困户有所收入，同时也在实际行动上让贫困户认识到自己能够劳动致富，增加了他们脱贫的决心和信心（见图 8-1）。

图 8-1　明水镇朝阳村扶贫攻坚宣传板

（课题组拍摄，2017 年 10 月）

第三节　成效经验启示

李克强总理强调："推动脱贫，必须加快推进现代农业建设""实施贫困村'一村一品'产业推进行动，扶持建设一批贫困人口参与度高的特色农业基地。支持贫困地区发展农产品加工业，加快一、二、三产业融合发展，让贫困户更多分享农业全产业链和价值链增值收益。"①
朝阳村实践的"贷资入企＋贫困户分红"这种金融撬动模式，是利用金融工具达到企业与贫困户双方获益的一次有益探索，达到了让贫困户更多分享农业全产业链和价值链增收的目的。具体来看，其有益的经验启示表现在以下三个方面。

第一，通过金融撬动增强扶贫"造血"功能。通过快速便捷的现代金融服务，使惠农政策尽快到位，满足企业与贫困户对资金的需求，变"输血"为"造血"，有利于贫困户拓宽增收途径，并且实现可持续增收。事实上，这种新的扶贫模式已经获得了广大群众的肯定，在走访中，有的村民还不了解"金融是什么"，但也有的村民已经获益匪浅，"只要信誉好，咱们一般没有借钱不还、有外债等情况的，达到年龄都可以申请，这样一些老年人就获利了，也不用出一分钱，也不用出一分力，就能有分红，非常适合贫困的老年人口。"（朝阳村，佟某）

第二，通过金融撬动探索扶贫新方法，促成了小额农贷金融产品的产生。通过工作实践，探索出一条"政府选择产业项目入口——农户自主参与产业发展——开发性金融助推孵化——企业参与实现市场出口"的融资模式，形成了政府、银行、贫困户与企业四方共谋发展的格局。在未来的工作中，金融撬动模式不仅可以适用在精准扶贫工作中，也同样适用于"乡村振兴"建设，通

---

　① 《中共中央国务院关于打赢脱贫攻坚战的决定》，2015 年 11 月 29 日。

过金融工具提高农村参与市场的能力，为乡村振兴释放发展动力。

第三，通过金融撬动挖掘贫困户脱贫能动性。通过优化金融资源配置，为贫困户和中小企业注入资金活力，充分发挥扶贫对象的积极性、主动性和创造性，为主动脱贫打下坚实的基础。同时，在开展形式多样的金融活动中不断构建知识扶贫体系，提高扶贫对象的金融素养和市场意识，达到永久脱贫、不再返贫的根本目的。

第九章

产业扶贫实践的主要问题与朝阳挑战

否

"十三五"时期是我国实现"两个一百年"的最后冲刺阶段，精准扶贫，确保农村贫困人口"两不愁三保障"成为当前的突出问题。十八届三中全会以后，党和政府出台了一系列精准扶贫政策，推出了产业扶贫、搬迁扶贫、政府兜底等一系列扶贫政策，有效地促进了农村贫困人口的脱贫，通过实地调研，调研组认为在实际工作中还存在一些不可忽视的问题，分为三个方面：产业扶贫实践的问题、作为扶贫对象的贫困村与贫困户面临的问题、影响产业扶贫效果的其他环节问题。本章就这三个方面的五个具体问题展开并提出对应建议。

"十三五"开局以来，明水县依托资源优势，坚持市场导向，加快结构调整，优化产业布局，大力发展现代农业和劳务输出业，培育壮大特色突出、竞争力较强、生态环境友好的支柱产业，完善现代产业体系，推动区域发展和贫困人口脱贫致富。朝阳村按照规模化、集约化、现代化的要求，也不断加快改造传统种植业，依托现有资源和扶贫政策加快脱贫脚步。虽然近两年来扶贫成效显著，但调研组还是发现了一些问题，这些问题有可能在今后一段时期内影响朝阳村脱贫实效。

第一节　产业扶贫项目遴选：低端与同质化问题明显

调研发现，产业扶贫项目由于前期论证和市场调研不足，上马的多数是短平项目，弱且散，"大路货"特点突出。在产业带动上，普遍缺少龙头企业和名牌引领，产品附加值不高且不成规模。在项目选择上，存在跟风复制和产业单一等情况，在现今多数农产品为买方市场的情况下，过多的同质化项目很可能在面临市场竞争时一起垮塌，出现"产业扶贫若干年，卖难返贫一夜间"的情况。

一　产业类型同质化

从县域看，明水县在充分运用自然资源禀赋的基础上，通过几个产业齐头并进的发展，多轮驱动建档立卡贫困户增收脱贫，是科学合理的。但与"片区"内的临近县域比较，明水县的几大产业则不同程度地存在同质化问题，贫困地区的产业扶贫出现"撞车"情况。造成这一现象的原因主要有两方面：一是周边的贫困县以连片特困形式存在，"连片"存在的一个弊端就是这些县发展基础差且发展环境和资源禀赋高度类似，整片推进的过程中很容易形成产业类型的同质化现象，且这样的同质化缺少产业布局上的县域相互协调，是一种低端的市场竞争；二是分属不同地市管辖的县级政府急于推进产业扶贫项目，调研和分析被漠视，通过行政命令来推广某种产业，政府对市场的把控有时未必灵敏准确，往往依据经验把握供求双方的市场平衡点，容易种下"同质低价"等相关风险的种子。

中小企业在市场中容易根据市场行情变化及时做出转向调整，但是"船小经不起大浪"，中小规模企业在市场中也易受到市场的碾压和摧毁。乡镇作为县域经济发展的落地区，承担不同的功能和责任，调研组走访的几个乡镇在产业发展上有程度不一的同质化现象，并有进一步增加扩大的趋势，如种植业中的杂粮、黑豆、甜玉米等产业，畜禽养殖业中的大鹅、绵羊等产业，均不同程度地存在产业发展趋同的问题。这种分散的小规模经验，很难形成产业集聚，无法获得规模效应红利。这就是当前产业扶贫过程中产业规模较小、抵御市场风险能力弱、规模效应无法形成的现状。造成这一现状的原因是在产业扶贫的过程中陷入单打独斗的传统"小农"模式"陷阱"。中央和省级层面在对各类扶贫资源进行分配时多按"由条变块"的原则进行，统筹整合后拨付到市县层面。然而在实践过程中因缺乏对扶贫资源的整合、布局和设计，导致扶贫资金、扶贫项目、扶贫队伍的分配比较分散，以致在县域内尚未形成真正的扶贫合力，扶贫资金层层分散的必然结果就是产业规模的碎片化。

二　产业链条低端化

大兴安岭南麓集中连片特困地区有一定的内生资源存在，现实的确是有很多贫困县拥有较为丰富的农产品资源，但是缺少让这些地区的贫困人口走上致富之路的产业链条，无法依托市场主体参与精准扶贫，"让企业来延展产业链条，增加产品附加值"是产业扶贫拓展产业链的政策初衷，但是在对产业扶贫情况的调研中发现，一些地区打着产业扶贫的旗帜，实质却是通过合作社或者小微企业的名义转销贫困户的农产品。这类企业多数是将从贫困户手中收购的农产品进行简单加工后再进行低端产销。生产出来的都是初级产品，附加值不高，还有的仅仅是出售原料，初加工的不多，深加工的更少，产业扶贫链条呈现"有产品无产业"的状况。少数企业对收购的农产品进行了加工，也提升了附加值，但是这一环节中，贫困户已"游离"在产业链条之外，没有从产业链条的衍生上获得致富利润。

调研中发现，参与产业扶贫的政府部门和帮扶企业很少有做涉及贫困户的长远规划。一些企业为了完成"任务"，拿点资金给贫困户养几只鹅，送几只羊，就算扶了贫，这实际上是"撒芝麻盐"，不能长远脱贫。这种情况的成因既有企业的避重就轻，也有政府的愿景浅短。中央要求 2020 年实现脱贫任务，到市里成了 2019 年，到县里成了 2018 年，到乡镇就成了 2017 年……条件好的地区固然可以赶超提前，但是对于贫困程度深的地区就是"打肿脸充胖子"，"疼"的却是贫困人口。黑龙江省规定"贫困县党政正职原则上在贫困县'摘帽'前不得调整岗位"，同样的规定在全国多个省份亦有尝试或实行。政策是好的，是符合扶贫工作要求的，但也有可能使得一些党政干部为了升迁或调离，不顾贫困县长远发展，做出一些短期行为，如上马一些不利于地区长期发展的项目，带来县域经济的"虚假"繁荣和贫困人口的短期脱贫。

第二节　产业扶贫综合效益：利益联结机制对接松散

调研发现，现有政策和机制设计没有完全调动起多方积极性，造成政府"大包大揽"、企业"冷眼旁观"、贫困户"被动参与"的尴尬局面。利益联结比较松散，没有形成利益分配和风险共担机制。

一 "造血式"利益输送欠缺

调研发现，朝阳村所在的明水县近年来大力发展农产品加工业，龙头企业带动产业扶贫效果明显，但由于贫困户自身能力及产业项目与村级贴合度的症结，"输血式"的订单保护和资产收益型利益输送仍占较大比例，久而久之，让一些贫困户形成惯性思维，比如极个别贫困户听说有领导看望贫困户就把家里值钱的东西藏起来以示贫困，期望得到更多的照顾；还有些贫困户进城找了工作，才干了几天就嫌太累，不干了。

此案例反映的问题值得警醒和反思。须清醒地认识到：单纯利益输送而罔顾剖析贫困户致贫原因、增强其发展能力，树立自信并通过自身努力走上脱贫致富之路，就变成了非典型的"输血式"扶贫。在党中央大力倡导精准扶贫的当下，部分扶贫干部求快思想在一定程度上延续了"输血式"扶贫的惯性，造就出"精神贫困"的懒汉。精准扶贫重在精准，贵在实效。既要明确扶什么，又要确保扶出实效。实践已证明：无论是送钱、送项目的"输血式"扶贫，还是"大水漫灌式"的粗放式扶贫，其后果都是久扶不富或富而不强，都无法从根本上带领贫困群众脱贫致富。对于肩负扶贫致富使命的扶贫干部而言，保持清醒的头脑，始终围绕"精准"和"实效"做文章才是工作坐实的应有之意。一部分贫困户贫在思想僵化，贫在发展能力不足，贫在致富信心缺失，而缺乏脱贫致富的信心最为致命。精准扶贫就是要针对贫困户致贫的病根，对症下药，尤其要注重激活其发展动力。发展动力来自思想的转变、发展技能的提升和致富信心的树立。要真正摘掉贫困帽，还须从根本上为贫困户扶智、扶技、扶信心，拒绝培养"懒汉"。如此，贫困群众才能真正走上自我发展的致富之路，全面小康才可真正实现。

二 贫困户难以成为经营主体

（一）龙头企业数量少，合作社发展缓慢

农业龙头企业是构建现代农业体系的重要组成部分，是推进农业产业化经营的关键。尽管明水县农业产业化龙头企业从无到有，但发展较为缓慢且规模小、档次较低、实力较弱。明水县龙头企业大多以农产品加工为主，产业链较短，精深加工程度低，对品牌的认证起步较晚，产品档次低，特色、优势主导产业较难形成产业优势。企业用于科技创新的资金少，造成企业普遍缺乏创新技术和管理人才，企业创新能力不强，很大程度上制约了企业的发展和辐射带动能力的增强。

朝阳村现有的四个农民专业农业合作社的发展尚处于初级阶段，农业合作社内部制度不完善，机构设置空缺，同时还存在农业合作社带头人的带动作用不强等问题。政府对农民专业农业合作社等参与产业扶贫的引导、协调、服务不足，不仅制约着农业合作社自身

的发展，而且对龙头企业和贫困户的发展产生了不利影响。

（二）利益联结方式以松散型为主，户企利益共同体还未形成

明水县龙头企业与贫困户现有的利益联结机制大多是松散型或半紧密型，缺乏贫困户以资金或土地入股企业，或者是由贫困户以土地或其他要素入股来组建农民合作社，然后由农民股份合作组织以总体股份形式入股龙头企业，进而与龙头企业建立起紧密型利益联结关系的模式。这种松散的利益联结方式不利于企业与贫困户形成真正的利益共同体，一旦发生某种变化，企业和贫困户往往从各自利益出发做出有损二者共同利益的行为。

尽管明水县政府对农业龙头企业的发展相当重视，制定了大量的优惠政策以鼓励企业带动贫困户参与农业产业化，但由于缺乏政策实施相关的基础设施等硬环境，政策很难延续，导致其成为目前制约龙头企业特别是农业产业化发展的重要瓶颈。政府试图通过加大对龙头企业的支持力度，带动贫困户增收致富，但龙头企业为追求自身利益最大化，导致政府对农业产业化经营的扶持绝大部分由龙头企业享受，使得贫困户没有享受到相应政策的优惠。

第三节 产业扶贫配套链条：关键环节仍存制约短板

"片区"县大多远离区域中心城市，并且与区域贫困地区高度重叠，在此类地区开展产业扶贫面临一系列短板制约。

一 基础设施建设滞后

产业是脱贫致富的基石，基础设施是产业发展的重要基础。当前，黑龙江省村村通电、村村通路已基本实现，但与此同时，能够带动贫困地区工业、农业、旅游、物流等现代产业发展的高等级公路、铁路还很欠缺，很多地方通信设施还比较落后，信息化水平低，不具备发展电子商务等新兴产业的条件。贫困县地方财力薄弱，自身无力持续改善交通、水利、通信、物流等基础设施，加之多数贫困县位于区域边缘地带，基础设施投入大、效益差，引入社会资本难度也大。绥化地区的四个"片区"贫困县还没有通高速公路，乡村道路达而不通、通而不畅问题依然存在。交通落后极大地制约了城乡要素流动和产业扶贫项目落地。调研中发现，由于基础设施建设投入大、周期长，脱贫攻坚任务又很紧迫，部分地区容易出现两种倾向：一是做表面文章，有些地方实施了一系列基础设施建设，但起点低、质量差，不少地方建设的养殖场、交易市场等长期闲置，甚至有些地方在公路旁边建起扶贫"形象工程"；二是急于求成，有些地方为了早见效益，工程没有经过充分研究和论证就匆匆上马，建设中赶工期、省材料，导致工程质量差、使用效率低，甚至个别地方出现工程竣工后仍然无法使用的现象。

二 相关公共服务不足

受资金短缺、任务量大、条件艰苦等因素制约，与产业扶贫密切相关的市场信息发布、标准化应用、先进技术推广、公共品牌建设与维护、信用体系建设等严重滞后。

一是基本公共服务设施利用率低。在调研中发现，黑龙江省多数行政村的公共服务场所，如文化站、卫生室、科技服务站已基本建成。这些基本公共服务场所硬件设施基本配齐，然而利用率并不高，尤其是文化站，村民取书、看书的极少，甚至文化站的门一年都开不了几次。由于村庄"空心化"，老龄人口文盲、半文盲居多，科技服务站也只有在扶贫项目传授技术时利用，其余时间都无人问津。

二是缺乏本土化的基本公共服务人员。基本公共服务不仅需要财力、物力，更需要人力，文化知识需要有人宣传带动，农业科技需要有人亲身示范。目前，在贫困村的驻村帮扶队人员主要有四种：县蹲点干部，乡镇干部，第一书记和大学生村官。前两种主要进行工作的安排协调，并不从事常规性的基本公共服务工作，第一书记和大学生村官又受限于自身专业，乡村卫生人员不具有合法从业资格的居多，因此出现了有场所无活动或服务水平差的状况。

三是基本公共服务的开展方式与村民脱节。贫困表现在物质生活上，也表现在思想观念上。年龄大、文化水平低、几乎很少走出村庄的贫困农民对于如何利用基本公共服务资源都无从知晓，怕官、畏官是底层百姓的普遍心理，在实际中经常出现农民需要办理业务却不知道去哪办理、找谁办理的问题。

第四节　扶贫对象培育激励：可持续脱贫的能力不足

贫困与"空心化"是当下我国贫困地区"三农"问题的新表现，二者互为因果，是一枚硬币的两面。农村严重的"空心化"不仅影响了农村经济社会的健康可持续发展，而且也致使农村产业扶贫攻坚面临着诸多潜在风险。

一　乡村"空心化"的挑战

在对朝阳村发展的历史考察中，调研组发现，朝阳村的贫困与人口"空心化"互为因果，在 2017 年末的调研时间节点上，全村四个自然屯常住人口中仅有 5 名未成年人，45 周岁以下的成年男性仅有 4 人。究其原因，主要有两个方面。一是因穷而空。因为朝阳村的相对落后、贫困，自20世纪90年代起，在市场化和城镇化的过程中，朝阳村村民在经济理性的驱动下选择"出走"进城。随着农村打工经济的持续发展，尤其是大量朝阳村青壮年的持续外流，在2010年前后，朝阳村开始出现了人口"空心化"现象，农村生产建设主体和社会治理主体严重缺失和弱化。在基础设施和农地质量相对较弱的洼子刘屯，人口"空心化"情况尤为严重。二是越空越穷。人口"空心化"加剧了朝阳村的贫困锁定状态。从针对近十年的收入构成访谈来看，打工经济确实增加了村民收入。但长期来看，这不仅形成了贫困户收入对打工经济的严重路径依赖，而且变相加剧了城镇对农村的资源抽取。从对朝阳村的考察可以看出，外出务工的村民除修建房屋之外，几乎没有在本村投资，绝大多数村民的打工收入仍以消费或储蓄的形式转移到城镇。从现象来看，打工经济背景下村民的收入短时间内提高了，新建房屋也增多了，但真正因此而发家致富的却寥寥无几，其普遍发展模式是"打工—建房（娶亲）—再打工"，父母打工、子女成年后依旧打工，未能摆脱贫困的代际传递。

随着城市化的推进和农村"空心化"的凸显，产业精准帮扶面临的困境被进一步放大，面临的问题主要有以下三点。

（一）扶贫项目实施主体弱化

农村扶贫工作的有效开展必须依托一定数量和素质的脱贫主体。然而，朝阳村的人口"空心化"却导致了农业生产和建设主体的缺失和弱化。首先，青壮年劳动力的持续外流，导致了农业生产主体的缺失和弱化，留守老人和留守妇女承担了近 80% 的农业生产任务。生产主体的缺失和弱化也在一定程度上影响了农作物的种植结构，即劳动力投入较多的农作物种植面积不断减少。其次，人口"空心化"导致农村建设主体的缺失和弱化。农村公共物品的提供和公共基础设施的建设，不仅需要广大农民集体协商筹划，而且还需要足够数量的村民共同参与。而大量人口尤其是青壮年的外流导致建设主体的极度匮乏，严重影响了农村基本公共物品的供给和公共基础设施建设的正常开展，以至于一些基建工程不得不承包给专业工程队，建造成本在被抬高的同时更加重了村集体的经济负担。贫困地区的农村人口通过劳动力向城市的转移提高了家庭收入，但另一方面也造成了乡村"空心化"、青壮年劳动力缺失的现实，贫困地区劳动力短缺已经成为全国范围内的普遍现象。产业扶贫在帮扶机制上属于开发式扶贫，主要依靠项目实施进行操作，劳动人口仍然是产业开发的行动主体，而农村劳动力的普遍缺失使扶贫项目的开发缺少足够的人力资本。更为现实的问题是，由于项目实施后获得收益具有一定的周期性，这些扶贫项目并不能吸引进城务工人员的即时回流。

（二）扶贫对象遭遇技术壁垒

首先，"空心化"状态下农村的精准帮扶对象有其固定的群体特征，他们大多缺乏信息渠道、文化知识和专业技术等，在扶贫政策倾向于市场化和专业化的过程中，这一群体表现出明显的不适应，而相对更适合产业扶贫项目的人群，或者已经进行了劳动力的转移，或者本身并不属于贫困人群。其次，扶贫部门把相当一部分扶贫项目委托给当地的农林畜牧部门，这些部门将扶贫项目当作普通的产业项目来做，由于贫困户在专业和技术上遭遇的壁垒，使真正的贫困人口不能得到政策的最大"收益"。

（三）村民自治力量的空洞

人口"空心化"既弱化了村民自治的主体、虚化了村民自治，也侵蚀了脱贫的组织基础、弱化了脱贫的组织主体。调研发现，在农村人口"空心化"背景下，朝阳村及临近的贫困村普遍出现了"谁选谁"的困境，在青壮年大量外出和农村精英大量流失的情况下，"谁来选举"和"选举谁"的难题并存。大量青壮年的"出走"导致贫困村出现了人才断代现象：现任村干部年龄偏大，而合适的后备人选则严重缺乏。村"两委"既是扶贫任务的最终承接者，也是具体扶贫工作的组织者，村"两委"的弱化势必影响产业扶贫的可持续性。村民自治功能的完整发挥不仅需要村民积极主动参与，而且要求村民具备一定的自治能力。但外流的农民，一般都年富力强、文化水平较高，这一群体的外流不仅导致村民自治力量不足，而且意味着乡村自治人才的减少。但从全局看，"民工荒"导致打工收入的上升将进一步加快农村青壮年劳动力的非农化转移。再加之外出劳动力愈加呈现常年性转移的特征，使得留守老人和妇女逐渐构成了村民自治的主体，但留守群体身体、文化等素质普遍较低，村民自治因此面临着自治力量不足及弱化的窘境。

二 "内生动力"有待激发

从精准扶贫的最终目标和村庄可持续发展的角度来看，资源下乡、驻村帮扶、产业发展等皆是推动贫困村脱贫的阶段性手段，而贫困人口自身能力的提升和自我发展才是精准扶贫的最终目的。贫困人口自身能力的提升需要其真正参与到扶贫的实践过程中，但是调研发现，在实际的扶贫过程中，村民因为自身能力、外部环境等原因，参与扶贫的程度并不高。

"参与"实际上是农村扶贫工作的一种基本价值模式，作为一种手段，通过参与赋权，提升贫困人口应对自身面临的种种发展问题；作为一种目的，通过参与，贫困人口参与到与自身相关的一切发展事务中。此外，贫困人口参与的过程也是扶贫"赋权"引导的过程，让贫困人口参与到与自身发展相关的产业当中，在实施过程中提高自身素质，从而提高其"用权"能力。

（一）精准扶贫中贫困户参与不足的表现

一是参与意识弱。经济社会发展滞后是贫困地区的普遍特征，由于受教育程度普遍不高，对于贫困村民而言，解决基本生活问题是其主要需求，这种低需求层次决定了其参与意识的薄弱。调研组走访的部分贫困家庭一贫如洗，没有像样的家具和电器，其生产活动的主要目的是基本生活需求。

二是参与途径窄。精准扶贫作为一种政府行为，在顶层设计完成之后村民的主要参与环节有两个:一是在识别阶段的村民申请和民主评议;二是在帮扶阶段参与制订切实可行的帮扶计划。实地调研发现,在识别阶段,准确估算出一个家庭的收入并按照高低排序并不容易,且贫困户的背后隐藏着经济利益。因此,将谁确定为贫困户便是件容易引起矛盾、影响稳定的事情,而本应该是民主评议贫困户的村民代表大会就很容易变质为"均衡利益"的讨论,并出现"模糊处理""平息民意"的工作方法。村民通过村民代表大会行使表决、投票的权利被"息事宁人"的做法取代。

三是参与意愿低。当前的产业扶贫方式是对致贫原因把诊问脉之后采取调动资源、发展产业、结对帮扶等手段,其实质是单向度的以工业反哺农业、以城市提携乡村的扶贫手段,贫困人口在这个过程中是被动的接受者。这种单向度自上而下依托行政体制、采取目标考核的扶贫方式,其脱贫的主要方法是依靠各种政治、经济资源,甚至动用驻村帮扶队的私人资源完成数字化考核的扶贫责任状,导致政府意志被广泛化,村民意志被虚无化。

(二)精准扶贫中贫困户参与不足的原因

一是组织化程度低。在传统上,中国农村社会自古以来便是以"差序格局"为内核的宗族治理方式,在行为模式上普遍缺乏自组织传统和组织化的行为模式。从现实上来看,贫困户个体的分散和农民相互之间的分散使得他们不注重组织的形式。与此同时，农村青壮劳动力"出走"的现实使得他们鲜少关注本村精准扶贫的村级事务，人口流动加速冲淡了村民之间的联结，生活方式的多样化区隔了曾经趋同性的村民，这些原因共同促成了集体观念淡化和公共精神淡薄，使得精准扶贫的组织化缺乏应有的内部动力支持。

二是参与机制不畅通。有些干部自认比贫困群众高明，常常"越位"替农民决定种什么、养什么。而且，贫困户总是被"安排"在产业链条的末端，对他们的声音和意愿倾听、重视不够。正如媒体报道所言，上下脱节的产业扶贫现状让部分基层干部一听产业扶贫就头大，群众一想到产业扶贫就害怕。还有部分地区，在产业扶贫时，将力量都用在了发展产业上，却忘记了为了什么而出发，产业项目设计和贫困户关系并不大，扶贫目标自然也无法实现。尽管村民委员会是村民自治组织，但乡镇政府却长期以来将村委会视为其在村庄的派生机构，村委会行使了相当一部分"政府职能"，村委会也在一定程度上依赖乡镇政府。因此，村民很少将村干部看作自己的利益代表，更像是国家权力机关的村级代言人，而非村民自治组织的服务者。这就使得村委会在实际扶贫工作中承载村民行使自我权利的功能弱化。在见到具体利益之前，村民对于扶贫政策的意义并不关心，对于扶贫工作的被动配合多过主动参与。贫困地区在摸清特色资源禀赋、分析市场空间和生态容量的同时，较少深入听取贫困群众对发展特色种养、加工、旅游、休闲等产业的意见、建议、想法、要求。

三是贫困户能力较差。贫困户的贫困表现主要为经济收入低下和物质生活匮乏，实则是能力欠缺导致获取经济资源的途径有限。其一是发展规划能力差。贫困户受限于经济状况，人际交往和活动范围的狭窄直接导致了视野的局限，信息来源也相对闭塞。这直接导致其发展所需的项目、资金和信息来源匮乏，使得其发展缺乏支持和后劲。其二是抗风险能力欠缺。贫困人口抗风险能力的欠缺体现在脆弱性上，所谓脆弱性，是指个人或家庭由于遭遇风险而导致生活质量下降到社会公认的水平之下的可能。对于贫困人口而言，脆弱性则是指由于贫困特征决定的村民生计系统易于遭受伤害和损失。对于大多数贫困人口而言，生活就是千方百计与这种脆弱性进行抗争，缺乏应对的策略与资本。究其原因，其一是知识存量匮乏。贫困人口的知识存量匮乏体现在受教育程度低、获取信息和知识的途径有限、生产过程的技术能力低等，这些因素叠加形成了贫困户知识存量匮乏的现状。受限于自身的知识水平，贫困户对调整产业结构、发展多种经营方式、运用先进技术、把握经济机会等皆受到制约。知识匮乏与落后的生产方式形成恶性循环，在这样的循环之下，贫困户亦难以产生对知识的需求，从而阻碍了贫困户与外界的"耦合"，进而强化了贫困户的封闭性和贫困现状。其二是社会资本单薄。在经济活动中，社会资本的多少直接决定了发展机会的把握。村民的社交网络多是以亲缘关系建立起来的社会网络及其延伸，村民之间的结合方式以情感为主要纽带，建立在理性合作之上的相互利用较少，具有资本流动性质的社交网络不发达。对于贫困户而言，受限于自身所处的经济条件、社会地位，其观念、意识、思维和精神面貌等要素的变迁缓慢，在与外界的互动过程中处于被动状态。

第五节　扶贫考核评估机制：监督力度有待加大

现阶段，脱贫攻坚战已经到了攻坚拔寨的阶段，政府高度重视，干部压力较大。针对扶贫的绩效考核，国家已经出台了比较完整的评估政策文件，在贯彻执行国家相关政策的同时，各省市也制定了相应配套的评估政策和考核办法，对辖区内的贫困县扶贫工作成效进行考核，也有部分省市聘请区内的专业科研机构或高校等第三方进行评估。这种层层加压、强化问责，导致考核评估工作过于频繁。考核、评估是手段而不是目的，过度的频繁考核、评估反而会"扭曲"农村扶贫工作。

一　扶贫检查频率需要科学调整

贫困地区过于频繁地接受检查，虽然对于督促扶贫工作起到了一定的作用，但检查本身如果变成目的，而非手段，则有可能减缓扶贫工作的开展速度。在调研阶段，调研组与同在明水县的交叉互检的评估组同住一个宾馆，在对评估组内的工作人员进行访谈时，我们了解到，互检工作十分细致，工作人员工作强度很大，大量表格、材料需要按步骤进行检查。这对于精准扶贫工作起到了很好的监督作用，但也给检查人员和被检查地区的工作人员带来了巨大的工作量，一些地区扶贫工作组工作人员本就事务繁多，还要再增加工作量，从客观上分散了他们扶贫工作的精力，而从各地抽调的互检组人员也在一定程度上影响了本职工作的开展。可见，精准扶贫应有的监督、考核作用有待进一步的调整，让其符合扶贫工作开展规律，在加强监督的同时尽量减少扶贫工作组的工作压力。

二 扶贫考核需要进一步改善方式方法

多数扶贫检查都会有问卷调查这一环节，调查问卷会涉及贫困户满意度的内容，而大部分贫困群众文化水平较低，检查组在询问"包联干部是否到过你家"时，村民甚至连"包联"两个字是什么意思都不明白，尴尬地摇头，而考核工作人员的工作量巨大，平均每人每天要走两个行政村，访问几十个贫困户，也没有时间和精力向村民解释，以此便判断村民"不满意"则评估考察结果就难以准确反映实际。调研发现，基层扶贫干部工作中都要面对反复填写表格、调整数据、完善保送方式、配合上级检查等内容，而这些事务挤压了入户了解情况等工作的时间。如果将大部分精力用在完成扶贫考核上，那么为贫困户解难的时间就有可能变少了，实际上不利于精准扶贫的开展。

三 "第三方"评估实践基础不足

在精准扶贫绩效考核中引入第三方，经过实践证明可有效弥补政府自评的缺陷，完善绩效评估体系，提高结果的科学性与公信力，但在实地调研的过程中，调研组发现"第三方"的选择和使用仍存在可以改进之处。其一，第三方评估的"第三方"如何选的问题。根据现行的考核办法，"第三方"是由国务院扶贫开发领导小组采取委托的形式聘请有关科研机构或社会组织，采用专项调查、抽样调查和实地核查等具体方式，对相关指标进行评估。从2016年精准扶贫第三方评估的队伍人员组成来看，在校硕博研究生的比例占到70%以上，学历高、素质好的群体特点是他们在实地核查的优势，但还需要看到，社会经验缺乏、社会交往能力弱的"短板"同样存在，这些"短板"使其在陌生地区、面对操着方言的调研对象时易遭遇困难。扶贫考核不是搞学术研究，而是要讲究实效工作，这个"第三方"的选择既要能把握政策、熟悉理论，又要对基层情况足够熟悉，这样才能最终实现对扶贫工作的更好评估。其二，第三方评估的关口节点选择问题。研究发现，政府引入"第三方"的首要意义在于改善决策，从源头上来看精准帮扶政策制定的契合程度，而现行的考核内容对扶贫政策的落地程度和落地政策适配度的评价是缺失的，从这个角度来说，第三方评估做的多是"马后炮"的工作，待一个政策落实完了再去评估其效果。

第十章

产业扶贫实践的路径优化与朝阳展望

针对以上提到的问题与挑战，调研组在分析先进模式经验的基础上，提出了针对性的对策建议，但需要说明的是，这些路径建议是对大兴安岭南麓集中连片地区的一个贫困县调研后的建言，由于地理环境与社会人文的不同，或仅对同类典型地区有采用价值。

第一节　政策规划对产业发展布局的二次协调

　　在贫困地区优化产业布局，促进区域协调发展，以实现脱贫攻坚目标，是一个复杂、长期的系统工程，应考虑多种因素，重视政策规划和区域协同对产业布局和发展的二次协调作用。

一 创新产业扶贫发展路径

推进产业扶贫，就要尊重贫困群众发展意愿，拓宽产业扶贫路径，推动扶贫产业落地生根、开花结果，让更多贫困群众享受产业发展红利，实现县域经济社会可持续发展。

（一）精准确定产业方向

立足县域资源禀赋、交通区位、产业基础等比较优势，明晰产业定位，细化产业类型，着力打造地域特色突出、品牌效应显著的扶贫产业，以品牌特色提升产业发展活力和核心竞争力，推动县域实现差异竞争、错位发展。注重产业效益。扶贫产业首先是富民产业，有效益才能有收入。结合供给侧结构性改革，遵循市场运作和产业发展规律，引导县域创新产品和服务供给，培育发展市场需求相对稳定、收益相对较大的特色产业，开发适销对路的优质产品和服务，不断提升扶贫产业发展的质量和效益，有效提高贫困群众的收入水平。强化产业根植。培育发展扶贫产业必须重视产业的根植性和可持续发展能力。为此，应尊重贫困群众意愿，充分发挥区域比较优势，强化产业上下游衔接，持续完善本地化配套能力，推动产业项目真正扎根县域，助力县域实现可持续发展。

（二）壮大新兴主导产业

细化"互联网＋扶贫"工程，积极对接阿里巴巴、京东等大型电商企业参与扶贫开发，扶持"电商平台＋合作社＋贫困村＋网店"的电商扶贫生态链的发展，扩大县域特色农产品销售渠道和销售规模，帮助贫困群众搭上"电商快车"，促进贫困群众增收致富。开发乡村旅游产业，对有条件发展乡村旅游的县域，依托山水生态、田园风光、传统村落、民俗文化等，发展生态休闲旅游、农业观光旅游、康养旅游、民俗旅游等。发展光伏产业，重点利用贫困户屋顶或院落空闲地，探索建设分布式光伏发电系统；利用贫困村荒山荒坡等未利用土地、农业大棚或设施农业等，建设村级小型光伏电站或集中式光伏电站。

（三）增强产业载体功能

培育发展扶贫产业示范基地，推动贫困县建成一批脱贫带动能力强的特色产业基地，通过探索创新建设模式、生产模式、分配模式，推动企业、村集体、贫困户等多方主体的资源整合，带动贫困群众在基地创业就业。支持在县域建立产业实训基地，积极开展订单、定向培训，提高贫困群众产业技能素质。推动产业载体向贫困村延伸。对分布在产业集聚区、服务业"两区"以及各类专业园区周边的贫困村，可依托载体开展产业扶贫，优先吸纳周边贫困村贫困群众就近就业，促进贫困人口持续增收。在符合建设用地要求的前提下，积极探索发展"扶贫车间"，鼓励有条件的企业设置"精准扶贫就业点",通过构建"产业集聚区＋扶贫车间＋贫困户""公司＋站点＋贫困户"等形式,帮助贫困群众就近、就地就业,实现企业发展和贫困群众就业双赢。

二 完善产业扶贫保障机制

坚持适宜、适度、适应的原则,动员组织社会各方面力量共同参与,加大产业扶贫投入力度,健全金融、科技、人才等扶贫保障体系。

(一)加大产业扶贫投入力度

统筹安排中央、黑龙江省财政转移支付额度和比例,集中扶贫开发资金与各类"三农"发展资金等财政性资金进行有效捆绑使用,增强资金使用的针对性和实效性。设立扶贫专项资金,主要用于培育和壮大优质特色农业,推进特色农产品生产基地建设和深加工业发展;改善农村县域基本生产和生活条件,加大农业科技人才投入力度,加大重点生态功能区转移支付力度,严格控制高能耗、高污染、高排放项目。引导社会资本投资,鼓励民营企业、社会组织和个人积极参与产业扶贫,减免征收龙头企业和农产品加工业增值税和所得税,对扶贫企业引进的加工设备免征进口关税和进口环节增值税。全面落实扶贫企业捐赠税前扣除政策,完善扶贫贴息贷款政策,扩大扶贫贴息贷款规模。

（二）拓宽产业扶贫融资渠道

发挥政策性金融导向作用，引导和鼓励政策性金融机构、商业性金融机构创新金融产品和服务，增加县域有特色、有潜力的扶贫产业信贷投放力度，适当简化贷款程序，降低放贷担保、抵押条件；创新以林权、经营权、承包权、宅基地抵押等新型信贷抵押模式。适度发展地方中小银行，充分发挥地方银行信贷主渠道作用。鼓励地方政府建立贷款风险准备金、小额贷款保险；在防范风险的前提下，加快推动农村合作金融发展，增强农村信用社支农服务功能，规范发展村镇银行、小额贷款公司和贫困村资金互助组织，解决贫困户短期、小额度借款问题；支持地方性金融机构提高金融网点覆盖率，推进小额贷款公司、担保公司实现乡镇全覆盖。

（三）培育新型农业经营体系

培育新型经营主体，通过兼并、重组、租赁、股份合作、私营独资等多种形式，培育壮大县域新型经营主体，提高产业扶贫经济实体的总体规模。鼓励龙头企业与贫困户、合作社开展以产权为纽带的更为紧密的股份化合作，支持龙头企业连片租赁、承包集体土地，最大限度地提升扶贫项目的规模效益；支持龙头企业进行多业综合开发利用，最大限度地增强市场竞争力。加大农业科技创新扶持力度，推动农业产业结构优化，扶持培育科技型扶贫龙头企业；建立健全技术服务推广与培训体系，重点培养县域农村特色产业示范带头人、科技种植养殖能手，全面推广农业先进实用技术和良种良法。

第二节　利益捆绑与精准共享的联结机制再造

经验证明，实行利益联结机制是推动产业化扶贫的有效途径。探索多方共赢的利益联结机制，是产业扶贫作为精准脱贫有力抓手的重要着力点之一。

一　机制创新

（一）创新扶贫精准制导机制

"精准扶贫"的关键在于"精准制导"，探索创新各种依靠市场手段带动贫困户的有效机制。产业化扶贫既要避免再走片面、机械、简单地分钱、发物到户"输血式"扶贫老路，也要防止扶持企业、合作社、大户而不辐射带动贫困户的"垒大户"行为。

（二）创新扶贫效益到户机制

要遵循市场规律，以项目成功和扶贫效益到户论成败，首先保证项目成功、产业发展，才能发挥扶贫的作用。同时，更加重视带动贫困户的数量和效果，体现扶贫到户的效益，使扶贫产业和项目效益真正惠及贫困户。

（三）创新扶贫项目实施机制

找准政府、市场、社会在大扶贫开发格局中的定位。政府主要负责顶层设计、资源整合、教育培训、基础设施、协调服务、营造环境、保护贫困户权益等，让各类市场主体实施专业化、产业化扶贫。产业化扶贫项目在明确扶贫责任的前提下，可通过委托、承包、采购等方式，引导各类市场主体组织实施。

（四）创新扶贫资金使用机制

扶贫资金主要采取先建后补、以奖代补、贷款贴息、民办公助、政府购买服务等方式投入，要调整完善配套的资金项目管理办法，引导更多社会资金进入，放大财政扶贫专项资金的"引子"作用。同时，鼓励直补到户的扶贫资金与龙头企业等市场主体合作，采取以资折股、入股分红、租赁使用等形式，提高使用效率和效益。

（五）创新扶贫项目产权经营机制

产业化扶贫项目所形成的固定资产，在明确产权归项目贫困户所有的基础上，结合扶贫责任履行情况，鼓励所有权和经营权分离，托管、租赁、移交给有能力的市场主体经营，实现保值、增值，长期发挥扶贫作用。

二 模式创新

朝阳村产业扶贫的实践表明，缺乏产业支撑的扶贫，只能达到短期脱贫目标，没有长久生命力，缺乏可持续性。通过产业项目带动农村贫困户脱贫增收，须做到产业选择精准、项目设计精准、支持投向精准、贫困人口受益精准。在既有模式的基础上，调研组认为还可在扶贫模式上尝试新的创新。

一是亟待破解主导产业不强的瓶颈。第一，应加快培育特色优势产业。应在分析贫困村资源禀赋、产业现状、市场空间、环境容量、新型主体带动能力和产业覆盖面的基础上，选准适宜发展的优势特色产业，集中财力、物力做大做强一两个脱贫主导产业，同时应注重产业链的延伸和拓展，不仅注重产业基地建设，也注重农产品深加工及其品牌市场的开拓，尽快取得脱贫实效，起到示范带动作用。第二，应促进产业体系形成。在扶贫产业发展初具规模后，应优化脱贫产业结构，构建一村一品特色脱贫产业体系，强化脱贫产业支撑。第三，应壮大扶强产业龙头。产业发展离不开龙头带动，没有龙头就没有市场，就没有价值链。应培育壮大贫困村种养大户、农民合作社、龙头企业等新型经营主体，通过农民土地经营权入股等途径，带动贫困户增收脱贫。

二是亟待破解增收途径有限的瓶颈。第一，应有针对性地发展扶贫产业。从贫困户的实际出发，从发展产业、完善基础设施等方面综合考虑，每年整合扶贫资金并有计划地推进一批产业项目，加快发展休闲农业、农家乐、乡村旅游，拓宽脱贫增收渠道。第二，应充分利用电子商务拓宽增收渠道。建立农产品、农村手工制品上行和消费品、农业生产资料下行双向流通格局，整合商务、扶贫等部门，加强政企合作，大力推进农产品特别是鲜活农产品电子商务，重点扶持贫困村利用电子商务开展特色农业生产经营活动。推进"互联网＋农村消费市场"和"互联网＋特色产业"等农村电商扶贫模式，实现农村电商全覆盖，扩大电商线上销售规模，带动贫困县优质农副产品进入消费市场。第三，应积极探索农民增加财产性收入渠道。探索推进宅基地合理、有序有偿流转，鼓励农民集中居住，将挂钩项目结余建设用地指标多途径变现，增加建设用地使用收益。探索盘活农房产权，通过租赁、自主经营等方式，引导农民将闲置房使用权参股企业发展，增加财产性经营收益。

第三节　复合平台保障供给补齐关键环节短板

产业扶贫理念和政策已深入扶贫实践的最基层，但产业扶贫工作还有很多方面需要完善。调研组认为，产业扶贫实践要充分挖掘非政府扶贫主体、社会扶贫资源的潜能，同时要积极发挥市场机制、第三部门机制在扶贫资源配置中的作用，实现政府机制、市场机制、第三部门机制之间的良性互动、优势互补，从而形成政府主导下的复合扶贫治理模式，以特定贫困地区为例推进产业扶贫公共服务平台构建实践，并对构建及实际运行中遇到的问题进行实证分析，将是下一步的研究方向。

一 采用政府主导的复合平台支撑

公共服务平台的价值在于更好地协调参与各方之间的责任关系，更好地实现公共服务供给，优化服务内容的供给方式和服务模式。产业扶贫公共服务平台旨在使扶贫主体、帮扶对象在政府机制（行政机制）、市场机制、第三方机制复合作用下实现供需对接。在产业扶贫公共服务供给平台中，占主导地位的只能是政府供给机制。这不仅与我国现有的扶贫模式一脉相承，而且也是产业扶贫公共服务平台本身准公共组织属性，以及服务内容的准公共产品属性所决定的。政府主导复合型模式一方面可以充分发挥政府机制的公共权威性，在平台建设以及产业扶贫公共服务的定位、规划、投入、政策等方面给予扶持、指导和供给；另一方面又能有效发挥市场供给机制、第三方供给机制的积极效应，克服政府单一供给机制的缺陷。将精准帮户与统筹帮村相结合，通过整村推进扶贫的方式，带动精准扶贫；把推动村庄基础设施建设与打造产业发展结合起来，聚焦水利、道路建设，解决当地农田灌溉问题以及村民出行难问题；把从上级争取来的政策支持与教育引导贫困村贫困户发展小康的内生动力结合起来，相关帮扶部门要善于梳理、理清、结合相关政策，扎实有效地推进精准扶贫。

二　转变基本公共服务的供给方式

搞好扶贫攻坚，必须解决好"哪里来钱，如何用钱"的问题。制约贫困农村发展的主要问题是资金，除了财政投入外，动员和利用社会力量参与扶贫是解决资金问题的主要出路。目前，民间资本有巨大的投资冲动，政府可以因势利导，制定资源换资金的优惠政策鼓励民间资本投向贫困农村的基本公共服务。以向基本公共服务投资作为出让土地资源、矿产资源开采权的条件。同时金融部门特别是农村信用社和村镇银行，要加大对扶贫项目和贫困农民发展生产的信贷支持力度，为推进扶贫开发多做贡献。在基本公共服务运行中，可以借鉴发达城市社区服务的模式，采用公办民营或互助合作的方式降低运行成本。这样的基本公共服务运行思路符合贫困农村的现状，利用农村固有的社会资本实现了国家服务与农民自助相结合。从政策制定到政策执行，存在制度与实际相结合的问题。基本公共服务政策的实施在农村不同于城市，农村基本公共服务面对的服务对象不同于城市人群，所处自然、人文环境不同于城市，即使同属农村，交通条件和距离城市的远近也会影响公共服务方式的选择。所以，对于边远贫困农村，面对的人口主要是老年弱势群体，行动不便、观念落后，必须变被动为主动，变不动为流动，从以困难群众为本的角度出发改进公共服务方式。在计划经济时代，赤脚医生等具有时代印记的农村公共服务为当时缺少医疗、文化的农村发挥了巨大作用，在今天，还可以学习这一行之有效的基本公共服务的运行模式，以农民可获得的、喜闻乐见的方式提供基本公共服务，以符合实际的方式提供公共服务，而不是样板服务。

第四节　实施乡村振兴战略激活脱贫内生力量

党的十九大报告指出，农业农村农民问题是关系国计民生的根本性问题，并提出了实施乡村振兴战略，这是我党在新形势下解决"三农"问题的新举措。经济学家厉以宁判断，中国正在悄悄地进行一场人力资本革命，新的人口红利正在产生。农村经济活力提升的同时催生了一个新的名词——"城归"。"城归"主要是指进城务工的农民，或者从农村走出去的读书人、退役士兵等，经过多年在城市打拼的经历，积累了一定的资本、技术、现代化的经营管理理念，如今又重新回到乡村创业生活。既有经验表明，"城归"是乡村振兴和巩固产业扶贫效果的重要内生力量，要想充分释放"城归"潜在的各种红利，还需要进一步深化农村改革。

一 促进创业实践和精准扶贫良性互动

创业扶贫政策是指导、支持、保障"城归"创业与精准扶贫协调发展的行动纲领。当前,中央和各级地方政府虽然相继出台了一系列扶持"城归"创业及推进精准扶贫工作的政策,但这些政策基本上都是独立制定并施行的,出台"城归"力量返乡创业与精准扶贫融合发展的政策势在必行。一是构建"城归"创业与精准扶贫融合发展的外部环境。实现"城归"创业与精准扶贫融合发展离不开经由创业实践所需的硬环境和地方政府行政的软环境所构成的良好外部环境。当前,农村贫困地区交通闭塞、信息等资源流通不畅仍是制约农民创业的瓶颈因素。地方政府部门要不断加大对农村贫困地区基础建设的投入,通过完善电网规划,加强水利建设,改造通信基站以及建设交通道路等来全面夯实基础设施,吸引更多的"城归"创业;通过统筹农村教育、卫生、文化、体育事业的发展,降低农民创业的额外投资成本。二是构建"城归"创业与精准扶贫融合发展的考核评估体系。推进"城归"返乡创业与精准扶贫融合发展的一大目的是实现贫困人口的脱贫致富。因此,确保"城归"创业与精准扶贫融合发展要以是否实现贫困人口脱贫致富为主要标准来落实脱贫攻坚责任。贫困地区的各级党委和政府要逐级立下军令状,层层落实脱贫攻坚责任,强化扶贫、脱贫工作的责任考核。具体来说,要实行最严格的考核督查问责制度,对于那些完不成年度扶贫任务的领导干部要进行约谈,将扶贫工作成效纳入其个人工作绩效考核范畴。

推动"城归"创业与精准扶贫融合发展的现实意义在于，一方面它在扶贫开发过程中提高了贫困地区和贫困人口的自我发展能力，有力推动了"城归"创业热潮的形成；另一方面它又在返乡"城归"的创业实践过程中实现了贫困地区和贫困人口的脱贫致富，进一步催生了可持续的精准扶贫效应。精准扶贫为农民工返乡创业提供了条件并赋予其减贫效应，"城归"创业为精准扶贫提供了途径并赋予其发展效应，两者互为补充，相互促进。进一步促推"城归"创业与精准扶贫的良性互动，有待于扩大两者在互动中产生的创业扶贫效应。其一是实现返乡"城归"的创业示范作用与扶贫开发社会责任的有效对接。"城归"返乡创业形成示范作用的前提是创业成功。农民工创业成功需要政府部门对农民创业者予以高度重视，满足其创业需求，在资金、人才、项目、政策等方面予以相应的支持和帮扶。但政府对"城归"创业者的支持和帮扶应建立在"城归"创业者在创业过程中主动自觉地承担起农村扶贫开发的社会责任和建设任务之上。其二是加大"城归"创业宣传引导。当地政府应充分利用电视、广播、微信、微博等媒体渠道在重大节日期间宣传本地创业的政策环境优势和创业知识，大力推广返乡农民工就业、创业的成功典型和经验，为返乡"城归"就业、创业制造良好的氛围。另外，加强乡村基础设施建设和自然环境的改善，包括供水供电、道路建设、厂房选址、卫生通信等，规划建设返乡"城归"创业园或创业街，结合自身农业特色产业，形成农业产业的特色板块。积极搜集并宣传农产品市场变动行情，促进创业企业生产的产品适销对路。

二 "五共两立"拓展农民主体参与空间

对于精准扶贫而言，扶贫的发展方向在未来会逐步由政府主导的单向度资本投入向以能力建设为主的方向过渡，打造贫困户的发展内力，增加可持续增收的潜在能力，建立贫困人口赋能的长效机制是治贫的根本目的。在脱贫攻坚中运用共商、共识、共建、共享和共担的"五共"理念，能够在很大程度上推动贫困人口主体性地位的建设，为产业精准扶贫顺利实施提供基础和条件。

（一）共商，肯定贫困人口主体性在精准扶贫实施中的作用

在精准扶贫工作中与村民共同商议、共同决策，是肯定贫困人口在"三农"发展中主体地位的根本体现。贫困人口主体性的充分发挥能从根本上提高精准扶贫的识别准度和帮扶准度并降低管理难度，能够调动和激发扶贫对象摆脱贫困的积极性，贫困户内在动力不足的问题可以在一定程度上得到克服。

（二）共识，调动贫困人口脱贫致富的积极性和主动性

在尊重贫困人口意愿的前提下因地制宜和因户施策，充分提高贫困人口生产和生活的自主性，调动其参与脱贫

的主动性。共识即改变以往长期的"输血式"扶贫模式，合理利用各种政策和资源，针对性地制定多项切实可行的帮扶措施和脱贫路径，调动贫困人口脱贫致富的积极性和主动性，从而达到实施精准扶贫的目的和效果。

（三）共建，使贫困人口自发自愿地参与精准扶贫工作

精准扶贫工作中的结对帮扶措施在转变帮扶干部工作方式的同时能树立贫困人口在脱贫致富中的主体地位，刺激贫困人口发挥能动性，自发自愿地参与精准扶贫工作。

（四）共享，自发地进行自我创造和超越，提升精准扶贫的效果

精准扶贫实施过程中，结合贫困地区实际困难，推动贫困户进行自我创造和自我超越，探索精准扶贫新模式，如"中心＋基地带贫困户""中心＋养殖协会＋贫困户""集体转产"等，推进产业发展，促进贫困人口增收，使贫困人口共享精准扶贫的成果。

（五）共担，推动精准扶贫工作的顺利开展和有效实施

精准扶贫能够落实的核心在于两个方面的制度构建：一是扶贫资源分权的管理体系，如果扶贫资源永远都掌握在从中央到地方的部门体系手里，容易产生大量的利益寻租；二是乡村治理结构，在现行的乡村治理结构之下，国家提供的资源，在乡村变成了乡村精英寻求其合法性的工具。因此，精准扶贫政策实施过程中的政策保障极为重要。

扶贫工作在解决扶贫对象经济困难状况的同时，还需帮助其获取更多发展的权利。与此同时，政府在扶贫工作中的职能定位和主体作用也需随扶贫进程补短调整，通过恰当的作为保证扶贫工作的可持续性。

1. 立起主动脱贫的志气

扶贫先扶志，思想引导是关键，要转变贫困户的观念，破除贫困心理，引导贫困人口"愿脱贫"。贫困地区固有的旧的传统观念和长期的贫困状态导致部分贫困户养成对贫困生活的适应和惯性，造成贫困状态和贫困心理的长期稳定。在脱贫致富的过程中，以产业发展增强市场意识；以教育培训提升发展能力；以信息基础设施建设缩短贫困人口与外界社会的空间距离。典型示范是法宝，以优选脱贫示范项目培育脱贫能人，典型示范、能人带动是最有效的示范。有针对性地加大贫困地区致富带头人的培训和扶持力度，通过资金、项目、政策的支持，为示范脱贫户的成长创造条件，鼓励脱贫致富带头人发展因地制宜的脱贫项目，并通过这种示范和带动作用，让贫困人口能够学有目标、赶有方向，扩大示范引路效应。

2. 立起主动脱贫的本领

诺贝尔经济学奖获得者舒尔茨认为，贫困者无法脱贫的根源在于其无法获得足够的人力资本投资。要夯实贫困主体的发展基础，能力建设是根本，支撑贫困人口"能脱贫"。能力的发展要以激发贫困户脱贫的内生动力为导向，其中文化教育是关键。贫困人口长时间文化教育的不足甚至缺乏，使其逐渐丧失脱贫的动力和能力。作为提升贫困户发展能力的重要途径和关键，职业教育是让贫困户成长为有本领、懂技术、肯实干的劳动者的有效途径。对于贫困户文化学习能力的改造，需要加强其专业技能、专业知识、就业信息的培训力度，提升他们自我就业的能力。在增加教育投入和提高贫困户受教育程度的基础上，培育和造就新型农民，通过人力资本的提高换取社会资本的增加，能够逐步重建乡村社会的互惠资本。

第五节　完善脱贫攻坚工作目标考核评估机制

对扶贫工作的重视程度，不能以考核评比次数的多少来体现。扶贫考核应坚持严与实，考核要严、把关要严、考核要实、方式要实，下真功夫，用精准劲，脱贫攻坚成效才经得起历史检验，脱贫成果才能被群众认可。

一　规范扶贫考核，减轻基层负担

一是更加注重考核脱贫成效，同时增加对行业和部门帮扶情况的考核。各扶贫成员单位不得单独开展扶贫专项考核，确需开展的需要经上级扶贫领导小组批准后实施。各省级扶贫开发领导小组统筹整合本省（区、市）现有扶贫考核，坚决取消不必要的考核，削减考核频次，严格禁止多头考核、层层考核或搭车考核。二是改进考核方式方法，省级扶贫开发工作成效的省际交叉考核不再将贫困人口识别准确率和贫困人口退出准确率等纳入考核，将考核重点落在脱贫攻坚责任落实、政策落实和工作落实上。同时简化入户调查问卷，完善群众满意度的评估方法。三是减少填表报数。除每年根据统一部署填报一次建档立卡信息系统数据外，单位和部门不得以任何理由要求村级填报扶贫数据。扶贫领导小组成员单位和各地在考核评估中所需数据由考核评估人员通过实地调查获取，不得违反规定要求村级填表报数。四是强化作风要求。不在考核前搞预考自考、模拟演练、突击修改资料等，不为迎接考核做展板、拉横幅。对层层考核、增加基层负担的，对弄虚作假、徇私舞弊的，对搞形式主义、干扰考核造成严重后果的，实行一票否决，并依纪依规追究责任。

二 提高考核效率，重组考核体系

越是扶贫的攻坚期，越要作风实打实；考核力度越大，就越要防范出现检查评比泛滥的情况。调研组认为，拨正"跑偏"的检查和"泛滥"评比，一是要厘清思想认识，对扶贫的重视程度本质上体现在工作的部署、推进和督促的力度上，而不是检查和评比次数的多寡；扶贫绩效考核的核心内容是贫困群众的生活有没有改善、收入有没有增加、幸福感有没有提高，而不是以落实会议开得多不多、申报材料做得齐不齐、工作总结写得好不好为标准。

二是要筑牢考评制度的"防火墙"，在完善考核体系、重组考核结构、优化考核内容、分解考核指标上下功夫，并在实践中验证修改，使之更加契合实际、更加符合规律。三是强化社会监督，社会监督的重点是提升扶贫对象在考核中的发言权重，让非政府组织参与并监督业绩考核过程。四是加入针对扶贫领域形式主义的评估，对于造成严重后果的工作人员要纳入干部问责、追责体系。由此，考核精准＋监督严格＋问责严厉才能提升检查评比的针对性、真实性、实效性，让基层干部既有干事创业的压力，又有步步为功的动力；既能有效获取社情民意，又能减少财政资金的空耗。

三　严选"第三方"，保证信度效度

一是选择实用高效的评估队伍。其一，参与一线评估工作的人员应经过严格筛选，并非高学历与高素质的相关专业人员都适合参与到脱贫攻坚考核评估工作中，选择的标准至少有二：对于实地民情的基本了解和坚持价值中立原则。其二，要细化对评估人员的事前培训，以对监测评估系统充分了解，亦可提前发现并预案评估过程中可能面临的问题并制定解决对策。其三，除加强评估队伍的建设外，还应加强督导组织建设。为保证第三方评估的有效性和真实性，应设立相应的督导机制，如对评估结果进行随机抽样复核等。

二是建立健全政策评估系统。从已有的扶贫攻坚第三方评估的实施结果来看，信息不完备和信息失真是评估结果应用面临的最大问题。建立政策评估信息系统，拓宽信息渠道，完善反馈机制，就有了必要性和实用性，亦可防止出现评估前夕的"赶工"，阻碍评估工作的开展。

三是第三方评估工作的关口前移。建议在地方政府制定下发决策的中期引入第三方评估，如此可以帮助政府在决策调整环节扫除盲区，提升决策的科学性。

扶贫的最终成效，最有发言权的是扶贫对象，引入"第三方"工作中应加大民意的测量权重，让扶贫对象的声音更多地被听到，并在扶贫实效的结论中有更大话语权。

附　录

2017 年朝阳村扶贫规划

为加快实现脱贫目标，推进全村经济社会赶超发展，按照镇党委、镇政府统一部署要求，结合本村实际，制定本规划。

第一节　朝阳村的基本情况

朝阳村位于明水县城西北十公里处，耕地面积 8362 亩。现有贫困户 147 户，人口 365 人，党员 22 名，入党积极分子 2 名，其中流动党员 15 名。村基层组织健全，支部两委班子成员 6 人，党支部委员 5 人，平均年龄 40 岁，中专文化程度 4 人，高中文化程度 1 人。该村经济、卫生及社会治安状况良好。党组织建设方面，村党支部在党组织建设上，将"两学一做"活动作为一项重要工作突出来抓，发动全村党员干部在新农村建设、主导产业发展、"两委"班子建设上积极献言进策，充分发挥了党员的示范带头作用。

第二节　贫困原因

（1）产业发展滞后

全村人多地少，广种薄收，耕地质量差，工程性缺水较为突出，农业发展仍停留在传统耕作上，加之自然灾害频发，致使农民收入低。

（2）思想观念落后

朝阳村贫困人口科技文化素质低，思维方式、生产方式和生活方式十分落后，发展商品生产、开拓市场的能力较弱。对新思想、新观念、新科技、新事物、新产业的认识和接受慢。自我发展能力弱，是造成贫困的内在原因。

（3）种植结构不合理

群众种植单一，市场竞争力和抗风险能力较差，严重影响群众收入。

（4）因病因学致贫

有的农民属于超负荷支出型贫困，如重大疾病、子女上学、儿子结婚支出等。同时，年老体弱、鳏寡孤独、病残智障以及失去劳动能力等也会导致贫困。

第三节 工作思路

坚持以党的十八届三中、四中、五中、六中全会精神为指导，严格按照县委、县政府脱贫工作总体要求，充分调动群众的积极性、创造性和参与性，注重特色产业发展，注重基础设施建设，注重基本公共服务均等化，加快推进建设经济强村，与全镇、全县、全省、全国同步建成小康社会。

第四节　脱贫措施

（1）实施产业脱贫

按照"贫困户有意愿优先，有劳动能力优先"的原则，充分尊重农民生产习惯和方式，努力提升贫困户内在动力，积极探索发展畜牧产业和种植结构优化调整的创新扶贫模式。大力实施"一村一品"，努力提高农业产业化水平，围绕"一村一品"特色产业村建设，着力发展特色生态农业，促进农民持续增收。一是建设特色农业产业基地。按照高产、优质、高效、生态、安全的要求，依托优势，因地制宜，做大做强本村特色产业，逐年增加经济作物的主导地位。二是做大做强传统产业。大力发展高产、抗旱、优质和生态的玉米、大豆产业基地，加快改造低产品种，引进科学的种植技术，提高粮食产量，达到增收的目的。三是大力推广成熟产业。以红小豆、黑小豆等主要传统小杂粮品种为主，引进、开发、示范和推广，进一步优化品种结构，提高产量和品质。

（2）实施金融脱贫

充分发挥县融资（信用社）担保平台作用，在做好农村妇女小额财政贴息贷款、抵押贷款、担保贷款等工作的基础上，按照黑龙江省创新发展扶贫小额信贷实施意见要求，对符合条件的贫困户协调金融部门每户提供3万元以下、3年以内政策性贷款和其他资金支持。

（3）实施教育脱贫

一是大力实施教育扶贫工程。大力发展学前教育、巩固发展义务教育、积极普及高中教育、全力支持职业教育，提高教育的整体质量与效益，推动教育事业科学发展。争取国家政策，积极推进学校标准化建设和教育信息化建设，结合对口帮扶工作，加大对特困生的帮扶力度，进一步提高群众对教育的满意率。二是积极推进农村文化建设。加快建设农村文化体育基础设施建设，组织群众参与形式多样、内容丰富的传统特色文化、体育竞技活动，丰富群众的文化体育生活。

（4）实施健康脱贫

建立功能健全的村卫生室 1 个，缓解因病致贫、因病返贫问题。健全农村社会保障体系。按照"个人缴费、集体补助、政府补贴"的原则，巩固新型农村社会养老保险成果，逐步提高农村养老保险金。做到"五保户"应保尽保，符合低保条件的农村低收入人口全部纳入低保，巩固提高农村医保水平，完善农村困难群众医疗救助制度。落实好贫困家庭 65 岁以上老人免费体检政策，做到疾病早发现、早诊断、早治疗。宣传在县内医院推行"先住院后结算"的优惠条件，贫困患者可先住院治疗，免收抵押金，出院结算时直接减收医保、大病保险报销及医疗救助等费用，只收取自负费用，减轻患者经济周转压力。积极完善村级卫生室建设，发挥村级卫生室的作用，开展送医送药义诊活动，特别对慢性病患者，做好主动上门服务。

（5）实施劳转就业脱贫

通过对有务工意愿的贫困劳动力组织开展有针对性的

技能培训，提高务工技能，提升稳定就业率。要及时发布招工信息，采取有组织和自身投亲靠友的务工方式，组织常年外出务工或可借助本村现有的各类合作社带动，就近务工，或在农闲季节务工，实现增收致富的目的。

（6）实施基础设施建设脱贫

一是努力改善交通条件。维修养护通村路 13 公里，提高农村公路安全水平和服务能力。修建通村道路，实现村村通路的目标。二是加强农村安全饮水和农田水利建设。遵循科学规划、综合治理、用养结合、防止污染的原则，加强农田集水工程改造提升，提高防汛抗旱能力。到 2017 年底，使现有农田集水工程排涝灌溉作用得到有效发挥，实现农村安全饮水全覆盖。三是加强农村供电和通信条件建设。到 2017 年底，基本建成安全可靠、节能环保、技术先进、管理规范的新型农村电网。加速实现无线通信信号全覆盖，消除自然村和交通沿线通信盲区，实现通信全覆盖；加强信息化建设，提升信息化服务水平。

（7）实施社会力量脱贫

在深入推进党员干部包组联户，开展本村有能力的党员干部结对包联贫困户活动，在县、镇领导包村联户、包组联户的基础上，实现贫困户包联全覆盖。积极动员种植大户及社会人士，凝聚社会力量，出资建立扶贫基金，对重点贫困群众在就学、就医、就业等方面提供保障帮扶。发挥联系广泛的优势，引导协会、个体工商户、志愿者等群体组织和个人，包联重点贫困户，建立全社会共同参与的大扶贫格局。

（8）实施美丽乡村建设脱贫

一是加强环境保护。加大农村饮用水源地保护力度，加强饮用水源地保护区监督和管理，制定保障饮用水安全应急预案；积极推进农饮工程及饮用水源保护工程建设，加大对农村水质监测频次，确保农村饮用水安全。大力实施农村清洁工程，建立"户保洁、村收集、乡转运"的农村生活垃圾处理模式和保洁制度。二是努力实现乡风文明。按照培养有文化、懂技术、会经营的新型农民要求，以"文明户"评比、文明创建等为载体，深入开展公民思想道德建设、文明创建，大力宣传好人好事，积极倡导文明新风尚，农村赌博、迷信活动明显减少，农民整体素质得到全面提升。三是加强农村民主与法治。开展多种形式培养村干部，努力提高村党组织书记、村委会主任和"两委"班子整体素质，完善村民自治机制，大力推进民主选举、民主决策、民主管理和民主监督，不断提高村民自治能力和水平，充分发挥村民会议、村民代表会议和"一事一议"制度在民主决策中的作用。

第五节　保障措施

（1）健全组织保障机制

坚持党政"一把手"负责制，切实加强对全村脱贫工作的领导，统揽全局，凝聚力量，有步骤地推进规划实施。具体由村扶贫开发工作领导小组负责全村脱贫工作的组织领导，并负责全村脱贫工作日常事务。各小队要成立工作小组，村主要负责人任组长，实行单位帮扶联系村、干部包户的工作模式，深入调查研究、广泛动员、精心组织、倾情帮扶。加强农村实用人才队伍建设，落实激励政策，把广大党员干部的思想统一起来，把全村人民的力量凝聚起来，努力形成脱贫摘帽的良好氛围和强大合力。

（2）创新精准扶贫工作机制

注重通过会议动员、入户引导、参观学习等形式宣传政策、发动群众，增强自我求变、自我发展的信心，确保宣传动员精准；从群众最迫切的需求着手，在基础设施、产业发展、社会保障等方面优先排列其帮扶需求，确保需求意愿精准；尊重群众意愿，顺应群众期盼，回应群众关切，将知情权、决定权、管理权交给群众，确保主体地位精准。建立贫困村和贫困户管理系统，做到户有卡、村有册、乡有管理系统，确保对象管理精准；建立监测评估体系，对各类扶贫资源到村到户、贫困村经济社会发展、扶贫对象就业增收情况、产业发展、基础设施建设、公共服务和社会保障等情况进行监测评估，准确反映扶贫成效，确保成效评估精准。

（3）健全多元投入机制

积极争取中央和省、市、县项目资金支持，广泛吸纳企业和社会资金参与，主动争取在外人员捐资援建。同时，动员受益群众合理出资，形成脱贫奔小康建设的多元化投入机制。按照"谁投资、谁经营、谁受益"的原则，广泛鼓励和引导社会资金投入，通过采取民办公助、以奖代补、项目配套、实物补助等措施，引导农民群众自愿投资投劳，广泛吸纳民间资金。同时整合现有的各方面农村建设资金，实行统一规划、统筹使用、性质不变、渠道不乱，充分发挥资金的聚集效应，实现群众参与最大化、资源利用最大化、综合效益最大化。

（4）健全监督管理机制

坚持推行政务、财务公开，接受社会监督，杜绝"暗箱"操作。坚持项目资金实行专户储存，专账、专人管理，专项拨付，增强透明度，并实行年度资金审计和领导经济责任审计，确保资金运行安全，发挥最大效益。对违规违纪行为，一经查实，依照有关规定严肃追究相关责任人责任。

（5）健全考核奖惩机制

将脱贫奔小康工作纳入目标综合考核和干部考核的重要内容，并建立脱贫奔小康工作考核奖惩制度，对先进村和单位给予表彰奖励，对工作不力、完成任务差的相关责任单位和责任人给予严肃处理。

参考文献

中共中央文献研究室编《习近平扶贫论述摘编》，中央文献出版社，2018。

张磊主编《中国扶贫开发政策演变 1949-2005 年》，中国财政经济出版社，2007。

左常升主编《中国扶贫开发政策演变 2001-2015 年》，社会科学文献出版社，2016。

孙久文、林万龙：《中国扶贫开发的战略与政策研究》，科学出版社，2018。

洪名勇：《扶贫开发战略、政策演变及实施研究》，中国社会科学出版社，2017。

刘尔思：《创新产业扶贫机制：产业链建设与贫困地区经济发展研究》，中国财政经济出版社，2007。

谭云明、艾华：《探路 产业扶贫十八洞村思考》，中国经济出版社，2018。

刘璐琳：《集中连片特困地区产业扶贫问题研究》，人民出版社，2016。

蓝红星：《集中连片特困地区农村慢性贫困问题研究》，科学出版社，2017。

王国良主编《中国扶贫政策 趋势与挑战》，社会科学文献出版社，2005。

孔祥智：《乡村振兴的九个维度》，广东人民出版社，2018。

蔡竞主编《产业兴旺与乡村振兴战略研究》，四川人民出版社，2018。

张禧、毛平、赵晓霞：《乡村振兴战略背景下的农村社会发展研究》，西南交通大学出版社，2018。

淘宝大学：《互联网＋县域：电商扶贫的路径与案例》，浙江科学技术出版社，2018。

陈敬胜、曾鹰、童翎、曹莉：《经验与典型 罗霄山脉连片特困区精准扶贫的个案研究》，中南大学出版社，2017。

刘汉成、程水源：《湖北省连片特困区扶贫开发战略研究》，中国经济出版社，2014。

黄承伟等：《连片特困地区区域发展与扶贫攻坚县、村级实施规划的编制方法》，经济日报出版社，2016。

李余、蒋永穆：《中国连片特困地区扶贫开发机制研究》，经济管理出版社，2016。

王志章：《连片特困地区包容性增长的扶贫开发模式研究》，人民出版社，2016。

共济：《全国连片特困地区区域发展与扶贫攻坚规划研究》，人民出版社，2013。

后 记

　　10 月 17 日是国家扶贫日，也是国际消除贫困日。在这个时间节点上再来回顾精准扶贫以来黑龙江省贫困县发生的巨大变化，实在是意义非凡。时隔两年，本课题的村样本所在地——明水县，已经实现全县脱贫，在诸多产业和政策的带动下，摘掉了贫穷落后的帽子。"贫穷"虽然已经是过去式，但不可否认的是，这段经历、这份努力应该被铭记，本书的出版是对明水县这样的脱贫县在脱贫致富之路上做出的努力的真实记载，也是对课题组研究的重要肯定。

　　2016 年底至 2017 年初，本课题组对绥化市明水县明水镇朝阳村做了累计近两个月的驻村调研，在调研期间，课题组成员先后召开了三次座谈会，走访了四十余户家庭，切身体会了驻村扶贫干部的日常工作，为研究的开展积累了重要的一手资料。在此，课题组要感谢对本次调研工作给予大力支持的明水县工作人员，时任明水县县长洪非同志两次与调研组进行深入座谈，对课题组的工作给予了高度肯定和大力支持；县委宣传部部长高阳、副部长高超同志陪同课题组深入基层，并为课题组收集了很多具有重要意义的政策文件和数据资料；县明水镇李子昀书记和朝阳村驻村第一书记唐继峰在朝阳村的扶贫开发工作中发挥了重要作用，他们在繁忙的工作之余，为课题组详细介绍了朝阳村各贫困户的情况以及朝阳村的扶贫开发现状；朝阳村村支书童秀军在冰天雪地中带领课题组成员走村串户，搜集了大量的访谈材料；朝阳村朴实善良的村民们的热情配合给了课题组极大的动力。在此，课题组全体成员对他们的支持和帮助表示衷心的感谢！

在历时近两年的研究工作中，中国社会科学院社会学研究所陈光金所长在调研报告的审改过程中提出了宝贵的建议；中国社会科学院社会学所科研处刁鹏飞副处长在本课题的各个阶段给予了极大的智力支持；黑龙江省社会科学院刘小宁研究员作为农村经济领域的专家，参与课题组的实地工作并提出了宝贵的意见。在此，对各位学界同仁的付出表示由衷的感谢！

除刘明明与张斐男分工完成大部分撰写任务外，黑龙江省社会科学院宋静波（第三章）和王澜诺（第二章）两位同志也参与了本书的写作，王爱丽副院长在百忙中完成了本书的统稿及修改工作。同时，课题组还要感谢社会科学文献出版社的工作人员，正是他们耐心细致的工作才让本书得以面世！

最后，作为科研工作者，能够参与中国社会科学院国情调研特大项目"精准扶贫精准脱贫百村调研"子课题，为伟大的精准扶贫工程做出一点贡献，我们深感荣幸，同时也倍觉使命之艰巨。本书的出版是我们阶段性的工作成果之一，本课题虽然已经告一段落，但我们的研究将会不断深入，期待学界同仁的批评指正！

"产业扶贫攻坚的龙江样本——朝阳村"课题组

2019 年 10 月

图书在版编目（CIP）数据

精准扶贫精准脱贫百村调研. 朝阳村卷 : 产业扶贫
攻坚的龙江样本 / 孙壮志，王爱丽主编. -- 北京 : 社
会科学文献出版社，2020.6
  ISBN 978-7-5201-5861-9

  Ⅰ. ①精… Ⅱ. ①孙… ②王… Ⅲ. ①农村 - 扶贫 -
调查报告 - 明水县 Ⅳ. ①F323.8

  中国版本图书馆CIP数据核字（2019）第279014号

· 精准扶贫精准脱贫百村调研丛书 ·
精准扶贫精准脱贫百村调研·朝阳村卷
　　——产业扶贫攻坚的龙江样本

主　　编 / 孙壮志　王爱丽
执行主编 / 刘明明　张裴男

出 版 人 / 谢寿光
组稿编辑 / 邓泳红　陈　颖
责任编辑 / 张　媛

出　　版 / 社会科学文献出版社·皮书出版分社（010）59367127
　　　　　　地址：北京市北三环中路甲29号院华龙大厦　邮编：100029
　　　　　　网址：www.ssap.com.cn
发　　行 / 市场营销中心（010）59367081　59367083
印　　装 / 三河市尚艺印装有限公司

规　　格 / 开　本：787mm×1092mm 1/16
　　　　　　印　张：10.75　字　数：111千字
版　　次 / 2020年6月第1版　2020年6月第1次印刷
书　　号 / ISBN 978-7-5201-5861-9
定　　价 / 59.00元